T0208759

Studienwissen kompakt

Mit dem Springer-Lehrbuchprogramm „Studienwissen kompakt" werden kurze Lerneinheiten geschaffen, die als Einstieg in ein Fach bzw. in eine Teildisziplin konzipiert sind, einen ersten Überblick vermitteln und Orientierungswissen darstellen.

Swetlana Franken

Personal: Diversity Management

Swetlana Franken
FH Bielefeld
Bielefeld, Deutschland

ISBN   978-3-658-06796-0   ISBN   978-3-658-06797-7 (eBook)
DOI   10.1007/978-3-658-06797-7

Die Deutsche Nationalbibliothek verzeichnet diese Publikation in der Deutschen
Nationalbibliografie; detaillierte bibliografische Daten sind im Internet über
http://dnb.d-nb.de abrufbar.

Springer Gabler
© Springer Fachmedien Wiesbaden 2015

Lektorat: Ulrike Lörcher, Margit Schlomski

Gedruckt auf säurefreiem und chlorfrei gebleichtem Papier.

Springer Gabler ist eine Marke von Springer DE. Springer DE ist Teil der Fachverlags-
gruppe Springer Science+BusinessMedia
www.springer-gabler.de

Vorwort

In den vergangenen Jahren hat die Bedeutung der Diversität und des Diversity Managements in der Wirtschaftspraxis und im wissenschaftlichen Diskurs zugenommen. Zu dieser Entwicklung tragen vielfältige Gründe bei – demografischer Wandel, Migrationsprozesse, soziale Veränderungen in der Gesellschaft, fortschreitende Internationalisierung und Globalisierung der Wirtschaft. Ein bewusster Umgang mit Vielfalt wird in Unternehmen und Organisationen als eine Notwendigkeit und Herausforderung angesehen.

Dieses Buch richtet sich in erster Linie an Studierende der Wirtschafts- und Sozialwissenschaften und verfolgt das Ziel, aktuelles soziales und betriebswirtschaftliches Wissen über Diversität und Diversity Management in kompakter Form zu vermitteln und praktische Anwendung dieses Wissens zu ermöglichen.

In einzelnen, in sich geschlossenen Kapiteln werden theoretische Grundlagen zu Diversity Management erläutert und mit praktischen Beispielen belegt. Diversity wird dabei als Begriff für relevante Unterscheidungsmerkmale von Menschen verstanden. Diversity Management wird als Konzept für einen bewussten Umgang mit der Vielfalt in Unternehmen und Organisationen definiert.

In ▶ Kap. 1 wird Diversität als Problem, als Chance und als Herausforderung für Unternehmen und Organisationen dargestellt. In ▶ Kap. 2 werden der Begriff und die Dimensionen der Diversität erläutert, insbesondere die Merkmale Alter, Geschlecht, kulturelle Herkunft, Religionszugehörigkeit, Behinderung und sexuelle Orientierung, wie es in der Unternehmenspraxis üblich ist. Über die Entwicklung und den Status quo des Diversity Managements informiert Sie das ▶ Kap. 3. Danach (▶ Kap. 4) werden Strategien im Umgang mit der Vielfalt thematisiert, gefolgt von einzelnen Instrumenten und Best-Practice-Beispielen. Das ▶ Kap. 5 erläutert, warum Diversity Management eine Führungsaufgabe ist und wie die Führungskräfte aller Ebenen als Gestalter und Vorbilder agieren sollen. In ▶ Kap. 6 wird Diversity Management aus der Perspektive der Wirtschaftlichkeit betrachtet, mit seinen Kosten und Nutzen. Auch hier erfahren Sie viele praktische Beispiele, die verschiedene Umsetzungsformen des Diversity Management in großen und mittelständischen Unternehmen, in Organisationen und Verwaltungen veranschaulichen.

Die betriebswirtschaftliche Sichtweise auf Diversität steht im Mittelpunkt, da Diversity Management als Konzept der Unternehmensführung die Vielfalt gezielt wahrnimmt, fördert und nutzt. In diesem Kontext ist der Business Case der Diversität (der betriebswirtschaftliche Kosten-Nutzen-Zusammenhang) als Begründung von Diversity Management geeignet. Diese Sichtweise ist für die Implementierung von Diversity-Strategien in Unternehmen notwendig, allerdings nicht hinreichend. Die soziale Sicht auf Diversität im Sinne von Chancengleichheit und Gerechtigkeit ist nicht weniger bedeutend. Nur eine doppelte Ausrichtung des Diversity Managements – auf die soziale Gleichberechtigung und Antidiskriminierung sowie auf den wirtschaftlichen Nutzen – schafft eine gute Basis für eine nachhaltige und ausgewogene Gestaltung der Diversity-Arbeit in Unternehmen und Organisationen.

Ich wünsche Ihnen viel Spaß beim Lesen des Buches und viel Erfolg bei der Beschäftigung mit Diversität.

Swetlana Franken
Köln, im Oktober 2014

Über die Autorin

Prof. Dr. rer. oec. Swetlana Franken wurde in Russland geboren, studierte Wirtschafts- und Ingenieurwissenschaften. Nach einigen Jahren beruflicher Praxis in großen und kleineren Unternehmen während der Transformationszeit in Russland promovierte sie zum Doktor der Wirtschaftswissenschaften und war als Professorin für BWL, insbesondere Organisation und Führung an der Staatlichen Technischen Universität zu Nishnij Nowgorod sowie als stellvertretende Dekanin der Fakultät für Wirtschaftswissenschaften tätig. Seit 1997 lebt Swetlana Franken in Deutschland.

In den vergangenen Jahren war sie als Managementberaterin für verschiedene international agierende Unternehmen tätig, insbesondere in den Bereichen Unternehmensführung, Innovationsmanagement und interkulturelle Kommunikation. Parallel hat sie an der Wirtschaftsfakultät der FH Köln gelehrt und als Fachexpertin auf dem Gebiet Diversity Management für einige politische Organisationen gearbeitet. Seit 2008 ist sie als Professorin für BWL, insbesondere Personalmanagement an der FH Bielefeld tätig und leitet mehrere Forschungs- und Praxisprojekte. Darüber hinaus ist Swetlana Franken Autorin von zahlreichen Büchern und Fachpublikationen.

Inhaltsverzeichnis

Vielfalt als Herausforderung und Chance

Swetlana Franken

S. Franken, *Personal: Diversity Management,* Studienwissen kompakt,
DOI 10.1007/978-3-658-06797-7_1, © Springer Fachmedien Wiesbaden 2015

Lern-Agenda

Warum ist es überhaupt notwendig, sich mit der Vielfalt in Unternehmen und Organisationen zu beschäftigen? Welche Probleme können durch die Diversität der Arbeitsgruppen und Belegschaften verursacht werden? Wann und warum kann Vielfalt von Vorteil sein? Antworten auf diese Fragen und Anregungen zum Nachdenken finden Sie in diesem Kapitel.

Zunächst wird die Vielfalt als Gegebenheit und gesellschaftliche Realität aufgezeigt, danach werden die Probleme und Herausforderungen in heterogenen Gruppen und Belegschaften thematisiert und schließlich wird Diversität als Chance und Wettbewerbsfaktor beschrieben. Diese Betrachtungsperspektiven der Vielfalt werden im Rahmen des Diversity Managements in Unternehmen und Organisationen ganzheitlich berücksichtigt und bilden eine wichtige Managementaufgabe.

Betrachtungsperspektiven der Vielfalt

– Vielfalt der Gesellschaft, dargestellt anhand statistischer Daten zur Bevölkerung. Einflüsse durch Globalisierungsprozesse, demografische Veränderungen und Wertewandel.	Vielfalt als gesellschaftliche Realität	▶ Abschn. 1.1
– Vielfältige Märkte und Belegschaften. Komplexität als Herausforderung. Diversität als Ursache für Probleme, Missverständnisse und Konflikte in gemischten Belegschaften.	Vielfalt als Herausforderung für Unternehmen	▶ Abschn. 1.2
– Vielfalt als Erfolgsfaktor und Wettbewerbsvorteil für Unternehmen und Organisationen.	Vielfalt als Chance	▶ Abschn. 1.3
– Umgang mit der Vielfalt als ganzheitliche Aufgabe der Unternehmensführung.	Umgang mit Vielfalt als Managementaufgabe	▶ Abschn. 1.4

1.1   Vielfalt als gesellschaftliche Realität

1.1.1   Jede Gesellschaft ist vielfältig

Jede Gesellschaft zeichnet sich durch eine gewisse Vielfalt aus – sie besteht aus Frauen und Männern, Kindern, Erwachsenen und Älteren, Menschen mit unterschiedlichen Berufen und Erfahrungen sowie mit verschiedenen Lebensstilen und Interessen. In Grunde genommen ist jeder Mensch ein einmaliges Individuum, jeder von uns ist anders.

Die Vielfalt einer Gesellschaft kann anhand von statistischen Daten aufgezeigt werden, die die Zusammensetzung der Bevölkerung je nach Geschlecht, Alter, kultureller Herkunft, Bildungsstand, Abschluss, Stellung im Beruf, Familienverhältnisse etc. darstellen.

1.1.2 Vielfalt der deutschen Gesellschaft in Zahlen

Die Vielfalt der deutschen Gesellschaft kommt in folgenden Zahlen zum Ausdruck (vgl. Statistisches Bundesamt 2014):

- Von insgesamt 80,6 Millionen Einwohnern der Bundesrepublik sind 41,1 Millionen Frauen (51 Prozent).
- 6,8 Millionen Menschen in Deutschland sind Ausländer (haben einen nicht-deutschen Pass).
- 16,3 Millionen, oder 20 Prozent der deutschen Bevölkerung, haben einen Migrationshintergrund, das heißt entweder sie selbst oder ihre Eltern beziehungsweise Großeltern sind nach Deutschland zugewandert. Sie kommen aus 190 verschiedenen Ländern.
- 100 Personen im Erwerbsalter (20 bis 65 Jahre) stehen heute 34 Personen im Rentenalter (ab 65 Jahre) gegenüber.
- Drei Viertel der 40,7 Millionen privaten Haushalte in Deutschland bestehen aus maximal zwei Personen.
- 8,1 Millionen Familien in Deutschland haben minderjährige Kinder.
- 11 Millionen Kinder und Jugendliche in Deutschland gehen in die Schule, 1,4 Millionen sind in der Ausbildung, 2,6 Millionen studieren.

Diese Momentaufnahme der Diversität bezüglich des Geschlechtes, des Alters, der Herkunft, des Familienstandes, der Ausbildung usw. spiegelt verschiedene Prozesse wider, die in der deutschen Gesellschaft stattfinden und die Zusammensetzung der Bevölkerung beeinflussen.

1.1.3 Einflussfaktoren auf die Vielfalt

> Globalisierung, Migration, demographischer Wandel, Wertewandel und nicht zuletzt auch soziale Bewegungen beziehungsweise Emanzipationsbewegungen bewirkten und bewirken eine zunehmende Diversität an Identitäten, Lebensformen und Lebenslagen. (Krell et al. 2007, S. 9).

Die entscheidenden Einflussfaktoren auf die gesellschaftliche Vielfalt werden in der ◘ Abb. 1.1 dargestellt.

In erster Linie ist hier **der demografische Wandel** zu nennen, der in einer kurzen Formel „Wir werden weniger und älter" beschrieben werden kann. Seit den 1990er Jahren ist die Sterberate in Deutschland (und in vielen anderen Industrieländern Europas) höher als die Geburtenrate, was auf Dauer ein Schrumpfen der Bevölkerung

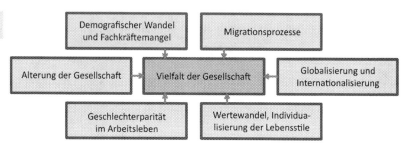

◘ Abb. 1.1 Einflussfaktoren auf die gesellschaftliche Vielfalt

bedeutet. Durch die höhere Lebenserwartung der Bevölkerung und gleichzeitig rück-
läufige Geburtenraten(aktuell 1,4 Kinder je Frau) steigt der Anteil älterer Menschen
gegenüber dem Anteil der Jüngeren.

Bei der Fortsetzung der aktuellen demografischen Entwicklung wird die Einwoh-
nerzahl Deutschlands im Jahr 2030 insgesamt um fast 5 Millionen schrumpfen, insbesondere in der Gruppe der unter 20-Jährigen (um 2,7 Millionen) und in der Gruppe
der Erwerbstätigen von 20 bis 65 Jahren (um 7,5 Millionen). Die Altersgruppe der
65-Jährigen und Älteren wird hingegen um 5 Millionen ansteigen (vgl. Statistisches
Bundesamt 2011, S. 8).

Hintergrund: Steigende Lebenserwartung

Durch die Erfolge der Medizin und gesunde Lebensweise leben Menschen immer länger und bleiben bis in hohes Alter fit. In den Jahren 1871–81 lag die Lebenserwartung bei Geburt bei 36 Jahren
für Jungen und 38 Jahren für Mädchen. Im Jahr 1960 betrug sie 67 Jahre für Jungen und 72 Jahre
für Mädchen, und die im Jahr 2011 geborenen Jungen werden 78 und Mädchen 83 Jahre alt werden
(vgl. Bundesinstitut für Bevölkerungsforschung 2013).

Diese Prozesse führen zu gravierenden Verschiebungen in der Altersstruktur der
deutschen Gesellschaft. Man prognostiziert aufgrund des demografischen Wandels
einen langfristigen **Fachkräftemangel**, da es nicht genug junge Leute gibt, um die
ausscheidenden älteren Fachkräfte zu ersetzen. Mit besonderen Schwierigkeiten bei
der Besetzung von offenen Stellen ist demnächst in den so genannten MINT-Berufen
(Mathematik, Informatik, Naturwissenschaften, Technik) zu rechnen.

Außerdem verändert sich durch den demografischen Wandel das Verhältnis zwischen der Anzahl der Erwerbstätigen und der Anzahl der Rentner: Immer weniger
Erwerbstätige müssen immer mehr Rentner mitversorgen. Auf 100 Personen im Erwerbsalter (20 bis 65 Jahre) kamen 1970 nur 25 Personen im Rentenalter (ab 65 Jahre),
2009 waren es bereits 34 Personen und 2030 werden es mehr als 50 sein (vgl. Statistisches Bundesamt 2011, S. 3).

Die allgemeinen Globalisierungsprozesse, die internationalen Aktivitäten der deutschen Unternehmen, die zunehmende Mobilität der Menschen sorgen gegenwärtig für eine Intensivierung des wirtschaftlichen, kulturellen, religiösen, politischen Austauschs zwischen verschiedenen Ländern und Regionen. Die **kulturelle Vielfalt** der Gesellschaft nimmt zu. Aktuell haben 20 Prozent der Einwohner in Deutschland einen Migrationshintergrund, in Bremen sind es 28,7 Prozent, in Berlin 25,8 Prozent, in Nordrhein-Westfalen 24,7 Prozent, in den neuen Bundesländern (ohne Berlin) nur 4,8 Prozent (vgl. Statistisches Bundesamt 2012a).

Während deutsche Unternehmen zunehmend Schwierigkeiten haben, genug Nachwuchskräfte zu finden, gibt es viele Länder, auch innerhalb der EU, die genug junge qualifizierte Fachkräfte haben und unter einer hohen Arbeitslosigkeit leiden, insbesondere Spanien, Griechenland, Portugal. Unter diesen Bedingungen nimmt die **Arbeitsmigration** nach Deutschland Jahr für Jahr zu. Allein im ersten Halbjahr 2013 sind 555 Tausend Personen nach Deutschland zugezogen, um 11 Prozent mehr als im ersten Halbjahr 2012 (vgl. Statistisches Bundesamt 2014).

Ein weiterer Einflussfaktor auf die gesellschaftliche Vielfalt ist ein **Wertewandel** von traditionellen Lebens-, Familienstrukturen und Rollenverständnissen zu den modernen Lebensstilen, Haushaltsstrukturen und Sinnorientierungen hin. Die Lebensstile und -konzepte gestalten sich zunehmend individuell. Die traditionelle Familie mit einem Mann als einzigem Geldverdiener, einer (Haus)Frau und mehreren Kindern ist bereits ein Auslaufmodell. Die Haushalte in Deutschland werden zunehmend kleiner, bestehen oft aus nur einer oder zwei Personen. Immer mehr Frauen gehen arbeiten, streben eine Karriere an und haben weniger oder gar keine Kinder.

Hintergrund: Qualifikation und Beschäftigung von Frauen

Die Qualifikation von Frauen in Deutschland verbessert sich Jahr für Jahr. Frauen in der Altersgruppe der 30- bis 39-Jährigen haben seit 2010 etwas häufiger einen Hochschulabschluss als gleichaltrige Männer (vgl. Böckler Stiftung 2014).

Frauen sind heute deutlich häufiger berufstätig, als früher. „Gingen 2001 in Deutschland 62 Prozent Frauen einer Arbeit nach, waren es 2011 bereits 71 Prozent" (Statistisches Bundesamt 2012b, S. 6). Viele Frauen entscheiden sich für die Selbstständigkeit und gründen ein Unternehmen. Im Jahr 2012 waren in Deutschland 1,4 Millionen Frauen selbstständig (vgl. IfM 2014).

Auch die Beschäftigungsquoten älterer Menschen steigen kontinuierlich. Die Hälfte der Personen im Alter von 60 bis unter 65 Jahren geht einer Erwerbstätigkeit nach bzw. sucht danach. 55- bis unter 60-Jährige weisen mit 79,1 Prozent eine Erwerbsneigung auf, die höher ist als im Durchschnitt über alle Altersklassen (76,9 Prozent) (vgl. Bundesagentur für Arbeit 2013, S. 8).

> **Auf den Punkt gebracht:** Die gesellschaftlichen Veränderungen, wie demografischer Wandel, Alterung der Gesellschaft und Fachkräftemangel, Globalisierung und Internationalisierung der Unternehmensaktivitäten, Migration, Wertewan-

del, Individualisierung der Lebenskonzepte und Geschlechterparität im Arbeitsleben haben Folgen für Unternehmen und Organisationen: die Belegschaften und Kundschaften werden zunehmend vielfältiger.

1.2 Vielfalt als Herausforderung für Unternehmen

1.2.1 Heterogene Absatz- und Arbeitsmärkte

Steigende Komplexität und Dynamik der wirtschaftlichen Umwelt stellen moderne Unternehmen vor neue Anforderungen. Die Unternehmensaktivitäten sind oft international ausgerichtet, die Wertschöpfungsketten gestalten sich global, Kunden, Zulieferer und Kooperationspartner sind nicht mehr homogen. Diese Veränderungen erhöhen die Heterogenität außerhalb und an den Schnittstellen von Unternehmen und erfordern neue Ansätze in der Unternehmensführung zur Bewältigung der Vielfalt.

Beispiel: Internationale Ausrichtung des VW Konzerns
Der Volkswagen Konzern mit seinen zwölf Marken hat im Jahr 2013 9,731 Millionen Fahrzeuge an Kunden in 153 Ländern ausgeliefert und einem Pkw-Weltmarktanteil von 12,8 Prozent erreicht. Der Konzern betreibt in 19 Ländern Europas und in acht Ländern Amerikas, Asiens und Afrikas 106 Fertigungsstätten. 572.800 Beschäftigte produzieren an jedem Arbeitstag rund um den Globus circa 39.350 Fahrzeuge. Von den insgesamt 9,731 Millionen ausgelieferten Fahrzeugen wurden 8,541 Millionen im Ausland verkauft und 7,270 Millionen im Ausland produziert. Allein in China wurden 3,266 Millionen Fahrzeuge ausgeliefert (vgl. VW Konzern 2014).

Für erfolgreiches Agieren in **fremdkulturellen Märkten** ist eine Anpassung von Produkten, Werbe- und Marketingmaßnahmen an die vielfältigen Kundenbedürfnisse, -mentalitäten und -wünsche unentbehrlich. Die Beschäftigung mit der Vielfalt der Absatzmärkte bei internationalen Aktivitäten und für vielfältige Kundschaften im Inland bildet eine wichtige Herausforderung für Unternehmen und ihre Belegschaften. Internationale Kommunikation, globale Geschäftstätigkeit, Diversity-Marketing und interkulturelle Öffnung gehören zum Alltag vieler Unternehmen und Organisationen.

Allerdings werden nicht nur die Absatzmärkte, sondern auch die Belegschaften zunehmend heterogen, was auf den Fachkräftemangel und die daraus resultierende Rekrutierung von neuen Zielgruppen wie Ältere, Frauen, Menschen mit Migrationshintergrund zurückzuführen ist. Eine gezielte Ansprache von verschiedenen Kandidaten, transparente Bewerbungsverfahren, eine für die Vielfalt offene Unternehmenskultur erfordern eine Umstellung und Sensibilisierung der Personalarbeit.

Um auf die Bedürfnisse und Wünsche heterogener Kunden und Bewerber besser eingehen zu können, versuchen Unternehmen und Organisationen, die Vielfalt der Märkte und Kunden in der **Vielfalt ihrer Belegschaft** widerzuspiegeln.

1.2.2 Heterogene Belegschaften

Die zunehmende Globalisierung und Internationalisierung, das Älterwerden der Gesellschaft, die neu definierten Geschlechterrollen, die zunehmende Erwerbsbeschäftigung und Karriereorientierung der Frauen, die sich ausweitende Arbeitsmigration verändern die Zusammensetzung von Belegschaften von Unternehmen und Organisationen. Menschen unterschiedlicher Herkunft, Religion, Alters, Geschlechts, Gesundheit, Qualifikation arbeiten gemeinsam in Gruppen, Projekten und Abteilungen.

Beispiel: Gelebte Vielfalt bei den Ford-Werken in Köln
Mit dem Slogan „Vielfalt ist unsere Stärke" gehören die Ford-Werke zu den Vorreitern auf dem Gebiet des Umgangs mit der kulturellen Vielfalt. Die Ford-Werke waren 1961 das erste Unternehmen in Deutschland, das türkische Mitarbeiter beschäftigt hat. Heute arbeiten bei Ford Menschen aus mehr als 55 Nationen. Diversity bei Ford-Werken bedeutet, dass jede Mitarbeiterin und jeder Mitarbeiter wertgeschätzt wird und zum Erfolg des Unternehmens beiträgt – ungeachtet des Geschlechts, der Herkunft, des Alters, sexueller Identität, der Religion oder einer eventuellen Behinderung. Ford fördert eine Kultur, in der es um Wertschätzung und Respekt für den Einzelnen geht. Diversity wird jedoch nicht „von oben" verordnet, sondern die Beschäftigten entwickeln selbst neue Ideen, engagieren sich für andere und beteiligen sich an zahlreichen Aktivitäten, vor allem in Mitarbeiternetzwerken. Neben einer repräsentativen türkischen Community (TurkishResource Group) gibt es bei Ford ein FiT-Team (Frauen in Technischen Berufen), ein GLOBE-Netzwerk schwuler, lesbischer und bisexueller Mitarbeiter/-innen, ein Elternnetzwerk und eine Mitarbeitergruppe „Arbeiten und Pflegen" (vgl. Ford Deutschland 2014).

Je nach Alter, Geschlecht und Herkunft haben die Beschäftigten unterschiedliche Bedürfnisse, Interessen und Erwartungen. Ein Unternehmen soll in der Lage sein, dieser Vielfalt gerecht zu werden, um langfristig erfolgreich zu sein. Man braucht eine generationen- und lebensphasenorientierte Personalarbeit, z. B. altersgerechte Beschäftigung, Work-Life-Balance, Kinderbetreuung, individuelle Arbeitszeitregelung, Gesundheitsmanagement, Sprach- und Integrationsmaßnahmen.

Für den Umgang mit der Vielfalt braucht man neuartige **Organisationsstrukturen** und -kulturen. Starre Hierarchien und lange Entscheidungswege beschränken die erforderliche Flexibilität. Geeignet sind eher kleine und dezentrale Einheiten, die sich rasch an veränderte Bedingungen anpassen. Alle Belegschaftsmitglieder sollen die Möglichkeit bekommen, sich aktiv einzubringen und eigene Interessen zu kommunizieren, sei es durch die Interessenvertretung (wie Betriebsrat), in speziellen Gremien (Frauen- oder Diversity-Beauftragten) oder in spontan entstehenden Communities an der Basis.

Die Vielfalt der Belegschaft erfordert eine offene, **wertschätzende Unternehmenskultur**. Eine Monokultur, in der nur diejenigen eingestellt und gefördert werden, die einen ähnlichen Erfahrungshintergrund haben wie die Firmenleitung, ist für die Zukunft nicht mehr ausreichend. Die Vielfalt der Belegschaft sollte offen gelegt und kommuniziert werden, um mögliche Probleme und Konflikte rechtzeitig zu erkennen.

1.2.3 Probleme in gemischten Arbeitsgruppen

Es gibt keine einheitlichen Forschungsergebnisse, die belegen, ob **heterogene** (gemischte) **Arbeitsgruppen** bessere oder schlechtere Leistungen erbringen, als homogene Gruppen. Bekannt ist jedoch, dass im Falle der Diversität von Gruppenmitgliedern (z. B. alters- oder kulturell gemischte Gruppen) oft Probleme, Missverständnisse oder Konflikte zustande kommen. Dadurch können längere Durchlaufzeiten, Stress oder geringere Arbeitszufriedenheit verursacht werden.

In gemischten Gruppen treffen verschiedene Ansichten, Erfahrungen und Überzeugungen aufeinander, deswegen sind Kommunikationsprobleme und Konflikte vorprogrammiert. Um sich zu einigen, brauchen heterogene Gruppenmitglieder mehr Zeit für Besprechungen und Abstimmungen, ihre Zusammenarbeit ist aufwändiger. Oft entstehen Gruppierungen aus Vertretern einer Kultur oder Altersgruppe, die sich abschotten. Stereotype und Vorurteile gegenüber Andersartigen können sich verfestigen.

Hintergrund: Gemischte Arbeitsgruppen
Heterogene Gruppen wänden insbesondere zu Beginn mehr Zeit auf, um Schwierigkeiten der Zusammenarbeit zu lösen. In Experimenten wurde herausgefunden, dass neu gebildete gemischte Gruppen zunächst weniger erfolgreich waren als homogene, sie aber letztendlich homogene Gruppen übertrafen, wenn es um das Finden alternativer Lösungen und um die Kreativität der Problemlösung ging (vgl. Mead 2005, S. 18).
Multikulturelle Gruppen arbeiten entweder besonders effektiv oder besonders ineffektiv, je nachdem, ob sie ihre Stärken als Synergieeffekte nutzen können oder ob ihre Arbeit durch Missverständnisse sowie Koordinations- und Integrationsprobleme behindert wird (vgl. Podsiadlowski 2002, S. 93).

Damit die Nachteile nicht überwiegen, müssen die entstehenden Probleme in heterogenen Arbeitsgruppen rechtzeitig erkannt und schnell gelöst werden. Wird die Diversität der Gruppenmitglieder verdrängt, werden Konflikte unter den Teppich gekehrt, so können sich Probleme verschärfen und Vorurteile verstärken.

>> **Auf den Punkt gebracht: Eine bewusste Beschäftigung mit der Vielfalt in der Arbeitsgruppe, gezielte Maßnahmen für mehr Zusammenhalt und Verständigung schaffen günstige Voraussetzungen für positive Auswirkungen und Synergieeffekte der Vielfalt.**

1.3 Vielfalt als Chance

Diversität eröffnet für Unternehmen neue Möglichkeiten und Chancen. Neue Bewerber können gewonnen, neue Zielgruppen und Marktnischen können erschlossen werden. Darüber hinaus bewirkt Diversität der Belegschaft vielfältige Problemlösungen, Vorgehensweisen und Produktvarianten, individualisierte Kundenansprache und Services, einen gegenseitigen Wissensaustausch und Lernen in Unternehmen. Schafft es ein Unternehmen, die Potenziale der Diversität intelligent zu nutzen, dann ergibt sich daraus langfristig ein greifbarer, wirtschaftlicher Nutzen.

1.3.1 Chance gegen den Fachkräftemangel

Ein Unternehmen, das nicht nur um deutsche männliche Bewerber wirbt, sondern auch Ältere, Frauen und Migranten anspricht, hat bessere Chancen, dem Fachkräftemangel vorzubeugen.

Die Kandidaten für die Besetzung von offenen Stellen werden in diesem Fall aus einem größeren Pool ausgewählt. Man gewinnt hoch talentierte **Fach- und Führungskräfte** mit unterschiedlichen Einstellungen, Lebensgeschichten, (internationalen) Erfahrungen. Das Unternehmen profitiert zusätzlich von einer gesteigerten **Mitarbeitermotivation** und **Loyalität** der Beschäftigten.

Im Endeffekt werden nicht nur Arbeitskräfteengpässe überwunden, sondern auch die Produktivität und **Arbeitszufriedenheit** der Belegschaft gesteigert. Das **Image des Unternehmens** wird durch die gelebte Offenheit gegenüber der Vielfalt nachhaltig verbessert.

1.3.2 Chance in der interkulturellen Kommunikation

Ob im Ausland oder im Inland, Kundschaften wollen in ihrer Sprache angesprochen werden. Deswegen bemühen sich viele Unternehmen, bestimmte Positionen im internationalen Geschäft und im Kundendienst mit geeigneten **Kulturexperten** zu besetzen. Diese kennen nicht nur die Sprache des Ziellandes bzw. des Kunden, sondern verstehen seine Traditionen, Gepflogenheiten und Mentalität.

Verhandlungen und Kontaktsuche im Ausland können beispielsweise durch Mitarbeitende mit Migrationshintergrund effizienter gestaltet werden. Produkte und Marketingmaßnahmen für ausländische Märkte werden optimal angepasst. Dadurch werden mögliche Fehler vermieden, Kosten reduziert und Umsätze gesteigert.

Durch eine gezielte Ansprache von kulturellen Communities in Deutschland gewinnen Unternehmen neue **Zielgruppen** und **Marktnischen**. Die Kundenbetreuung in der Muttersprache der Kunden (vor allem Türkisch und Russisch) wird von einigen

Telekommunikationsanbieter, Banken und Kreditinstituten in Deutschland praktiziert. Als Ergebnis steigt **Servicequalität** und Kundenzufriedenheit.

Beispiel: Der interkulturelle Service der Sparkasse Köln Bonn
Seit einigen Jahren bietet die Sparkasse Köln Bonn in mehreren Geschäftsstellen und per Telefon Beratungen für türkischsprachige Kunden in ihrer Muttersprache. Anlegen eines Kontos, Finanzierung eines Eigenheims oder allgemeine Beratung – zahlreiche türkischsprachige Mitarbeiter und Mitarbeiterinnen stehen den Kunden zur Verfügung. Die Informationen stehen auf Deutsch und Türkisch auf der Website der Sparkasse, darunter auch die Kontaktdaten türkischsprachigen Mitarbeiterinnen und Mitarbeiter (vgl. Sparkasse Köln Bonn 2014).

1.3.3 Mehr Kreativität und Innovation

Auch wenn die gemischten Arbeitsgruppen zu Konflikten und Missverständnissen und dadurch zu einem höheren Zeitaufwand neigen, können sie – unter bestimmten Voraussetzungen – besonders kreative und innovative Lösungen hervorbringen.

Insbesondere wenn für die Lösung eines Problems viele Blickwinkel zusammengebracht werden müssen und ein breites Spektrum möglicher Lösungen benötigt wird, sind heterogene Arbeitsgruppen den homogenen überlegen (vgl. Mead 2005, S. 18).

Die Vorteile für **Kreativität** und **Innovation** ergeben sich insbesondere in heterogenen Gruppen mit einem höheren Bildungs- und Qualifikationsstand der Mitglieder, bei kreativen, komplexen und nicht teilbaren Gruppenaufgaben sowie unter Voraussetzung, dass die Gruppenmitglieder gemeinsame Ziele und gegenseitiges Vertrauen haben.

1.3.4 Voneinander lernen

In einer Wissensgesellschaft ist der Erfolg eines Unternehmens von seiner Fähigkeit abhängig, die kollektive Intelligenz seiner Belegschaft und externer Akteure optimal zu nutzen (vgl. Franken und Brand 2008). Vielfältige Kenntnisse, Erfahrungen und Vorgehensweisen einer heterogenen Belegschaft sind für den **Wissensaustausch** und **gegenseitiges Lernen** sehr förderlich.

Je unterschiedlicher sind die Meinungen und Wissensbestände einzelner Beschäftigten, desto intensiver lernen Menschen voneinander. Es kommt jedem Einzelnen und dem ganzen Unternehmen zugute.

Allerdings entfalten sich die genannten Vorteile der Vielfalt nicht automatisch, sondern bedürfen bestimmter Rahmenbedingungen, die systematisch geschaffen und gepflegt werden müssen. Insofern ist die Arbeit mit der Vielfalt eine bedeutende Managementaufgabe.

1.4 Umgang mit Vielfalt als Managementaufgabe

Wie die Ausführungen voriger Kapitel gezeigt haben, soll die Vielfalt in Unternehmen und Organisationen gemanagt werden, um die Probleme der Diversität in den Griff zu bekommen und ihre Vorteile zu nutzen. Der Umgang mit der Diversität braucht eine strategische Ausrichtung des Unternehmenskonzeptes und muss von den Führungskräften des Unternehmen vorgelebt und systematisch praktiziert werden.

1.4.1 Diversity-orientierte Strategie

Diversität durchdringt alle Bereiche des Unternehmens – wir sprechen von der Vielfalt der Märkte, der Kunden, der Bewerber, der Belegschaft. Die Entscheidung über den Umgang mit der Vielfalt ist eine strategische Entscheidung jedes Unternehmens, die sein Handeln und seinen Erfolg langfristig beeinflusst.

Es reicht nicht aus, eine verantwortliche Person zur Diversity-Managerin im Betrieb zu ernennen oder eine Einzelmaßnahme für eine Minderheitsgruppe der Belegschaft, z. B. spanischstämmige Fachkräfte, zu initiieren. Der Umgang mit der Diversität sollte zu einer Querschnittsfunktion in allen Funktionen und Bereichen des Unternehmens werden.

> ⟫ Auf den Punkt gebracht: Ein diversity-orientiertes Managementkonzept betrachtet die Vielfalt als einen Ausgangspunkt für die Gestaltung und Steuerung des Unternehmens, mit dem Ziel, die kollektive Intelligenz heterogener Akteure effizient zu nutzen und dadurch der externen Vielfalt gerecht zu werden.

Eine diversity-orientierte Strategie verfolgt zwei Ziele:
1. soziale Gerechtigkeit und Chancengleichheit verschiedener Belegschaftsgruppen zu gewährleisten (soziales Ziel) sowie
2. von den positiven Auswirkungen der Vielfalt zu profitieren (wirtschaftliches Ziel).

Die **soziale Zielsetzung** beinhaltet zum Beispiel altersgerechte Arbeitsbedingungen, gleiche Aufstiegschancen für Männer und Frauen, Beschäftigung von Behinderten, Integrationsmaßnahmen für ausländische Fachkräfte, Maßnahmen für bessere Vereinbarkeit von Familie und Beruf usw.

Bei den **wirtschaftlichen Zielsetzungen** geht es darum, die Mitarbeitenden mit spezifischen Kompetenzen und Qualifikationen optimal einzusetzen, um die Wirtschaftlichkeit und Wettbewerbsfähigkeit des Unternehmens zu erhöhen.

Die Entwicklung von neuartigen Geschäftsmodellen und Produktinnovationen, die Besetzung von neuen Marktsegmenten erfordern eine **differenzierte Wahrneh-**

mung von Kundenbedürfnissen und Zukunftstrends. Will man Produkte für Ältere und Jüngere, für Männer und Frauen, in Deutschland und im Ausland anbieten, so ist es notwendig, diese Personengruppen in die Produktentwicklung zu integrieren. Das spricht für die Diversität in der Forschung und Entwicklung, im Marketing und Vertrieb, im Kundendienst und Serviceabteilung.

Die Beteiligung von Kulturexperten erhöht die **Effizienz** bei internationalen und interkulturellen Aktivitäten. Exportgeschäfte, Leitung einer Auslandsniederlassung, Personalarbeit im Ausland können von den Mitarbeitenden mit Migrationshintergrund kompetent und erfolgreich bewältigt werden.

Allerdings kommen diese Vorteile nur dann zum Tragen, wenn die Vielfalt im Unternehmen wertgeschätzt wird. Notwendig ist eine Unternehmenskultur, die Diversity als Chance begreift und jeden Einzelnen als einmaliges Individuum wahrnimmt.

1.4.2   Diversity als Führungsaufgabe

Die Auseinandersetzung mit Vielfalt ist ein Teil der Führungsaufgaben einer Organisation. Führungskräfte sind diejenigen, die die Werte der Unternehmenskultur vorleben, als **Vorbilder** für Gleichberechtigung und Wertschätzung jedes Mitarbeitenden dienen.

Eine Führungskraft sollte die soziale Zusammensetzung ihrer Gruppe oder Abteilung kennen, jegliche Diskriminierung aufgrund des Alters, kultureller Herkunft oder des Geschlechtes verhindern, Bedürfnisse und Interessen jedes Mitarbeitenden respektieren. Es kann dabei um Barrierefreiheit für Behinderte, um religiöse Zugehörigkeit und Rituale von Personen mit Migrationshintergrund, um schlechte Sprachkenntnisse ausländischer Fachkräfte und vieles mehr gehen.

Führungskräfte sind immer die ersten **Ansprechpartner** für ihre Mitarbeitenden, die für ihre vielfältigen Belange und Probleme ein offenes Ohr haben sollen.

Notwendig ist auch die Förderung der Vielfalt unter den Führungskräften. Frauen in Chefetagen, Manager und Personalverantwortliche mit Migrationshintergrund, Ältere als geschätzte Mentoren erzeugen in Unternehmen eine Signalwirkung. Ihre Erfolgsgeschichten dienen den anderen als Beleg für echte Chancengleichheit und für gelebte Wertschätzung der Vielfalt.

> ❯❯ Auf den Punkt gebracht: Die Ganzheitlichkeit und Komplexität der Zielsetzungen und Instrumente im Umgang mit der Diversität erfordert ein systematisches Diversity Management.

1.5 **Lern-Kontrolle**

Kurz und bündig
Vielfalt als Herausforderung und Chance. Die Gesellschaft der Bundesrepublik zeichnet sich durch eine enorme Vielfalt aus – Männer und Frauen, Ältere und Jüngere, Zuwanderer mit verschiedenen Kultur- und Religionszugehörigkeiten leben und arbeiten zusammen. Unternehmen und Organisationen werden mit der Vielfalt der Märkte, Kundschaften und Belegschaften konfrontiert und müssen lernen, Probleme der Vielfalt konstruktiv zu lösen und Vorteile der Vielfalt zu nutzen. In gemischten Arbeitsgruppen und Belegschaften können Kommunikationsprobleme, Missverständnisse, Konflikte und Gruppierungen entstehen, die einen höheren Arbeitsaufwand und Unzufriedenheit verursachen. Allerdings sind heterogene Belegschaften effizienter in internationalen und interkulturellen Aktivitäten, sorgen für höhere Kundenzufriedenheit, ermöglichen mehr Kreativität und Innovation, fördern gegenseitige Lernprozesse. Der Umgang mit der Vielfalt ist eine Managementaufgabe. Der Umgang mit der Diversität braucht eine strategische Ausrichtung des Unternehmenskonzeptes und muss von den Führungskräften des Unternehmens vorgelebt und systematisch praktiziert werden.

❷ Let's check
1. Wie heterogen ist die deutsche Gesellschaft?
2. Was versteht man unter dem demografischen Wandel?
3. Welche Auswirkungen hat der demografische Wandel auf die Gesellschaft und Unternehmen?
4. Welche Herausforderungen entstehen durch die Vielfalt der Märkte und Kundschaften für Unternehmen?
5. Welche Probleme sind für heterogene Arbeitsgruppen und Belegschaften typisch?
6. Welche Chancen bringt Diversität der Beschäftigten einem Unternehmen?
7. Warum sollte der Umgang mit der Vielfalt als Managementaufgabe betrachtet werden?

❷ Vernetzende Aufgaben
Versuchen Sie, Ihre private und Ihre Arbeitsumgebung hinsichtlich ihrer Vielfalt bewusst wahrzunehmen. Wie unterschiedlich sind Ihre Bekannten, Freunde, Arbeitskollegen in Bezug auf Geschlecht, Alter, Religionszugehörigkeit, kulturelle Herkunft? Zeichnen sich Ihr Wohnort und Ihre Hochschule durch mehr oder weniger kulturelle Vielfalt als die deutsche Gesellschaft insgesamt aus?

❶ Lesen und Vertiefen
- Ford Deutschland (Hrsg.). (2014). Wir setzen auf Menschen. ▶ http://www. ford.de/UeberFord/FordinDeutschland/MenschenbeiFord. Zugegriffen: 12. Juli 2014.

Ford Werke Köln zählen zu den ersten Unternehmen, die im Jahr 1961 türkisch-stämmige Gastarbeiter nach Deutschland eingeladen haben. Auf der Home-page des Unternehmens und in der Broschüre „Vielfalt als Stärke" (Download auf der genannten Seite) können Sie interessante Informationen über die Integra-tionsprobleme der ersten Jahre bekommen und diese Entwicklungen mit dem Erfolg der aktuellen türkischstämmigen Community bei Ford vergleichen.

- Podsiadlowski, A. (2002). *Multikulturelle Arbeitsgruppen in Unternehmen. Bedin-gungen für erfolgreiche Zusammenarbeit am Beispiel deutscher Unternehmen in Südostasien*. Münster: Waxmann.
Die Bedeutung von Arbeitsgruppen, deren Mitglieder verschiedener nationaler Herkunft sind, wächst. Anhand einer Untersuchung in international tätigen Organisationen geht die Autorin der Frage nach, welche Faktoren über Erfolg oder Misserfolg multikultureller Arbeitsgruppen entscheiden. Das Buch wird Ihnen praktische Empfehlungen für eine effektive Zusammenarbeit in kulturell heterogenen Teams mit dem Schwerpunkt auf Asien-Pazifik geben.

Literatur

Böckler Stiftung (2014). *WSI Gender Datenportal*. http://www.boeckler.de/43622.htm. Zugegriffen: 15. März 2014

Bundesagentur für Arbeit (2013). *Arbeitsmarktberichterstattung: Der Arbeitsmarkt in Deutschland. Ältere am Arbeitsmarkt*. http://statistik.arbeitsagentur.de/Navigation/Statistik/Arbeitsmarktbe-richte/Personengruppen/Personengruppen-Nav.htm. Zugegriffen: 16. März 2014

Bundesinstitut für Bevölkerungsforschung (2013). *Lebenserwartung*. http://www.bib-demografie. de/SharedDocs/Glossareintraege/DE/L/lebenserwartung.html. Zugegriffen: 15. März 2014

Franken, S., & Brand, D. (2008). *Ideenmanagement für intelligente Unternehmen*. Frankfurt a.M.: Peter Lang.

Ford Deutschland (2014). *Wir setzen auf Menschen*. http://www.ford.de/UeberFord/FordinDeutsch-land/MenschenbeiFord. Zugegriffen: 23. März 2014

IfM (Institut für Mittelstandsforschung) (2014). *Selbstständigkeit/freie Berufe*. http://www.ifm-bonn. org/statistiken/selbststaendigefreie-berufe/#accordion=0&tab=0. Zugegriffen: 16. März 2014

Krell, G., Riedmüller, B., Sieben, B., & Vinz, D. (Hrsg.). (2007). *Diversity Studies. Grundlagen und diszip-linäre Ansätze*. Frankfurt a.M.: Campus.

Mead, R. (2005). *International management, cross-cultural dimensions*. Hoboken: Blackwell.

Podsiadlowski, A. (2002). *Multikulturelle Arbeitsgruppen in Unternehmen. Bedingungen für erfolgreiche Zusammenarbeit am Beispiel deutscher Unternehmen in Südostasien*. Münster: Waxmann.

Sparkasse Köln Bonn (2014). *Türkce*. https://www.sparkasse-koelnbonn.de/14 tuerkisch/tuerkisch/ empfangsseite/index.php?n=%2F14 tuerkisch%2FEmpfangsseite%2F. Zugegriffen: 23. März 2014

Statistisches Bundesamt (2011). *Demografischer Wandel in Deutschland*. https://www.destatis.de/DE/ Publikationen/Thematisch/Bevoelkerung/VorausberechnungBevoelkerung/Bevoelkerungs-Haushaltsentwicklung5871101119004.pdf?blob=publicationFile. Zugegriffen: 16. März 2014

Literatur

Statistisches Bundesamt (2012a). *Bevölkerung mit Migrationshintergrund – Ergebnisse des Mikro-zensus. Fachserie 1 Reihe 2.2 – 2012.* https://www.destatis.de/DE/Publikationen/Thematisch/Bevoelkerung/MigrationIntegration/Migrationshintergrund2010220127004.pdf?blob=publicationFile. Zugegriffen: 16. März 2014

Statistisches Bundesamt (2012b). *Frauen und Männer auf dem Arbeitsmarkt – Deutschland und Europa.* https://www.destatis.de/DE/Publikationen/Thematisch/Arbeitsmarkt/Erwerbstaetige/BroeschuereFrauenMaennerArbeitsmarkt0010018129004.pdf?blob=publicationFile. Zugegriffen: 16. März 2014

Statistisches Bundesamt (2014). *Bevölkerung.* https://www.destatis.de/DE/ZahlenFakten/GesellschaftStaat/Bevoelkerung/Bevoelkerung.html. Zugegriffen: 10. März 2014

VW Konzern (2014). *Der Konzern.* http://www.volkswagenag.com/content/vwcorp/content/de/ the group.html. Zugegriffen: 23. März 2014

Begriff und Dimensionen von Diversity

Swetlana Franken

S. Franken, *Personal: Diversity Management,* Studienwissen kompakt,
DOI 10.1007/978-3-658-06797-7_2, © Springer Fachmedien Wiesbaden 2015

Lern-Agenda

Was wird unter „Diversity" verstanden? Welche Merkmale der Diversität sind im Alltag und in Unternehmen relevant? In diesem Kapitel werden Sie theoretische Definitionen und Modelle der Diversität kennenlernen und einen ersten Eindruck über die Verbreitung von Diversity-Dimensionen in der Unternehmenspraxis bekommen. Die Struktur des Kapitels ist in der Tabelle visualisiert.

Theoretische Grundlagen zu Diversity

– Diversity als Vielfalt von Identitäten, als Unterschiede und Gemeinsamkeiten von Menschen. Gefahr von Stereotypen und Vorurteilen. Soziale und wirtschaftliche Sicht auf Diversity.	Begriff Diversity	▶ Abschn. 2.1
– Sichtbare und unsichtbare Dimensionen von Diversity. Vier-Ebenen-Modell der Diversität.	Modelle der Diversität	▶ Abschn. 2.2
– Gängige Diversity-Dimensionen in Unternehmen: Alter, Geschlecht, kulturelle Herkunft, Religionszugehörigkeit, Behinderung, sexuelle Orientierung.	Zentrale Dimensionen der Diversität in der Unternehmenspraxis	▶ Abschn. 2.3

2.1   Begriff Diversity

2.1.1   Diversity als Vielfalt von Identitäten

Der Begriff „Diversity" (synonym „Diversität", „Heterogenität", „Vielfalt") beschreibt grundsätzlich Unterschiedlichkeit oder Vielfältigkeit, kann jedoch allgemein oder pragmatisch interpretiert werden.

Allgemein wird mit „Diversity" das Vorhandensein von vielfältigen Identitäten und Lebensstilen gemeint. Hierbei stehen weniger die Kategorien wie Alter, Geschlecht oder Religion im Mittelpunkt, die zu einem „Schubladendenken" verleiten, sondern die Feststellung und Anerkennung der Vielfalt. Menschen sind verschieden, und jeder Mensch ist einmalig.

Die pragmatische Definition von Diversity beschreibt sie als einen Sammelbegriff für relevante Unterscheidungsmerkmale von Menschen und versucht die Vielfalt zu operationalisieren. Die unendliche Vielfalt von Persönlichkeiten und Eigenschaften wird durch die Verwendung bestimmter Dimensionen auf eine überschaubare Menge reduziert, Menschen werden nach einigen festdefinierten Merkmalen klassifiziert.

Auch wir werden im Weiteren einen pragmatischen Diversity-Begriff verwenden. Diese Vorgehensweise ermöglicht es, mit der Diversität zu arbeiten, zum Beispiel, um die Vielfalt einer Unternehmensbelegschaft abzubilden, zu analysieren und praktische Maßnahmen für einen angemessenen Umgang mit einzelnen Gruppen abzuleiten.

⊗ **Auf den Punkt gebracht: Diversity ist ein Begriff für relevante Unterscheidungsmerkmale von Menschen.**

Allerdings sollte man bei der Anwendung der pragmatischen Definition der Diversität stets bedenken, dass die Kategorisierungen und Pauschalisierungen gefährlich sein können. Der Versuch, die ganze Vielfalt von Individuen auf eine begrenzte Anzahl von Diversity-Merkmalen zurückzuführen, kann Stereotypisierung und Schablonendenken begünstigen sowie Entwicklung und Verfestigung von Vorurteilen verursachen.

Stereotype sind vereinfachende Vorstellungen von Menschen und Ereignissen, die unsere Wahrnehmung bestimmen. Sie spiegeln Meinungen und Denkmuster von sozialen Gruppen wider und sind grundsätzlich neutral (weder positiv noch negativ).

Merke!

Stereotype sind Vorstellungen und Zuschreibungen, die geteiltes Wissen einer Gesellschaft über charakteristische Merkmale bestimmter Gruppen enthalten.

Der Erwerb stereotypen Wissens beginnt bereits sehr früh in der Kindheit, deswegen sind uns die Stereotypen nicht bewusst. Stereotype zeugen von Unterschieden zwischen Menschen, dienen einer Kategorisierung (Typisierung) und beinhalten ein spezifisches (kulturabhängiges) Wissen über typische Verhaltensweisen von Frauen und Männern, Jüngeren und Älteren, Vertretern verschiedener Nationalkulturen usw. Damit erfüllen sie eine Orientierungsfunktion.

Verbreitet sind beispielsweise die Stereotype wie „ältere Menschen sind weniger kreativ", „junge Generation ist technisch affin" oder „Frauen haben hohe Sozialkompetenz". Es gibt keine eindeutigen Forschungsergebnisse, die diese Meinungen belegen oder widerlegen. Wir alle wissen aus Erfahrung, dass es unter älteren Menschen sehr kreative und innovative sein können, dass nicht jeder Jugendliche ein Computerspezialist ist und nicht jede Chefin Empathie und Taktgefühl besitzt. Und trotzdem verwenden wir diese Stereotype, weil sie meistens realistische Tendenzen wiedergeben.

Beispiel: Anekdote eines Stereotyps
Wie unsere Stereotype im Alltag widerlegt werden können, belegt folgende Anekdote aus der Praxis interkultureller Kommunikation.
Ein deutscher Mann fragt auf der Straße einen türkisch aussehenden Passanten:
Wie komme ich nach Aldi?
„Zu" Aldi, – korrigiert ihn der gebildete Türke.
Was, schon zu?

Auch **Vorurteile** sind vorab wertende Urteile, ohne eigene Reflektion und Erfahrung, allerdings sind Vorurteile meistens negativ. Häufig geht es dabei um generalisierende Einstellungen anderen Personen oder gesellschaftlichen Gruppen gegenüber, die negative Gefühle (Feindseligkeit) oder negative Handlungen (Diskriminierung, Gewalt) nach sich ziehen können.

Beispiel: Vorurteile gegenüber Zugewanderten

Ein typisches Vorurteil der Mehrheitsgesellschaft gegenüber den Zuwanderern aus ärmeren Ländern wie Bulgarien und Rumänien ist, dass sie „deutsche Sozialsysteme belasten". Daten und Fakten widerlegen diese Meinung.

Eine Studie des Instituts für Arbeitsmarkt- und Bildungsforschung (IAB) belegt: „Zwar sind die bulgarischen und rumänischen Neuzuwanderer im Durchschnitt geringer qualifiziert als andere, aber die Arbeitslosenquoten und die Anteile der Bezieher von Transferleistungen sind unter den hier lebenden Bulgaren und Rumänen deutlich geringer als bei anderen Migrantengruppen – und insgesamt profitiert Deutschland von dieser Zuwanderung." (vgl. Brücker et al. 2013).

Da Stereotype und Vorurteile unreflektierte Meinungen sind, sind sie den urteilenden Personen kaum bewusst. Man vertritt sie, ohne sie in Frage zu stellen. Es ist wichtig, dass wir uns der Gefahr der Stereotypisierung bewusst sind, um voreiligen Meinungen und unbegründeten negativen Urteilen im Arbeits- und Privatleben vorzubeugen.

2.1.2 Diversity – Unterschiede und Gemeinsamkeiten

Meistens werden als Gruppen- und individuelle Unterscheidungsmerkmale Alter, Geschlecht, sexuelle Orientierung, Behinderung, Kultur- und Religionszugehörigkeit verwendet. Allerdings beschreiben diese Merkmale nicht nur die Unterschiede, sondern auch die Gemeinsamkeiten zwischen Menschen.

Die Zugehörigkeit zu einer Gruppe ist ein wichtiger Faktor für jeden Menschen. Immer wieder hört man Ausdrücke wie „wir Frauen", „wir Azubis", „wir Ausländer". Diese Zusammengehörigkeit bedeutet Solidarität, Verständnis, gegenseitige Unterstützung.

Haben sich die Beschäftigten in einem Unternehmen aufgrund eines Merkmals zusammengefunden, eine Gruppe oder ein Netzwerk gebildet, so können sie ihre Interessen besser kommunizieren und durchsetzen. Das passiert auch im Rahmen der Diversity-Arbeit in vielen Unternehmen und Organisationen. Oft entstehen auf Initiative „von unten" Frauen- und Migrantennetzwerke, die einem Erfahrungsaustausch und gegenseitiger Unterstützung der Mitglieder dienen.

Die Differenzierung von Menschen aufgrund einzelner Merkmale – egal ob es um die Unterschiede oder Gemeinsamkeiten geht – begünstigt kontraproduktives Klischeedenken und kann zur Abschottung von Gruppen sowie zur Ausgrenzung und Stigmatisierung Anderer führen.

Diversity-Arbeit in Unternehmen erfordert ein Fingerspitzengefühl und eine gelebte Wertschätzung jedes einzelnen Individuums.

2.1.3 Soziale und wirtschaftliche Sicht auf Diversität

Der Begriff „Diversity" kann aus sozialer und wirtschaftlicher Sicht betrachtet werden:
- Die soziale Sichtweise legt den Schwerpunkt auf die Gleichberechtigung und **Chancengleichheit** für verschiedene Personen.
- Die wirtschaftliche Sicht argumentiert mit den Vorteilen – **Business Case** – der Diversität.

Gleiche Chancen und Gleichstellung von Frauen und Männern, Jüngeren und Älteren, Deutschen und Ausländern in der Gesellschaft und in Unternehmen werden gesetzlich geregelt (Grundgesetz, Allgemeines Gleichbehandlungsgesetz AGG ▶ Abschn. 1.3), sollen jedoch in der Praxis konkret umgesetzt werden.

Die wirtschaftliche Sicht auf Diversität kommt in der Definition von Thomas und Ely (1996, S. 80) zum Tragen:

» Diversity should be understood as the varied perspectives and approaches to work that members of different identity groups bring.

Die Autoren verstehen unter Diversität in erster Linie verschiedene Perspektiven und Ansätze, die von Mitgliedern unterschiedlicher Gruppenidentitäten in Arbeitsprozesse eingebracht werden können, und betonen die positiven Auswirkungen der Vielfalt auf Arbeitsprozess und Problemlösung. Business Case von Diversity wird später ausführlich erläutert (▶ Kap. 6).

Meistens werden diese Sichtweisen auf die Vielfalt kombiniert, wie zum Beispiel in der bekannten Unternehmensinitiative „Charta der Vielfalt" (▶ Kap. 3). Diese Initiative zur Förderung der Vielfalt in Unternehmen und Institutionen basiert auf einer Selbstverpflichtung von Unternehmen, jegliche Diskriminierungen am Arbeitsplatz zu verhindern und die Chancengleichheit der Beschäftigten zu verwirklichen. Andererseits beziehen sich die Formulierungen der Charta auf die Vorteile der Vielfalt für den Erfolg und die Wettbewerbsfähigkeit eines Unternehmens.

Beispiel: Soziale und wirtschaftliche Perspektive in der „Charta der Vielfalt"
Die Vielfalt der modernen Gesellschaft, beeinflusst durch die Globalisierung und den demografischen Wandel, prägt das Wirtschaftsleben in Deutschland. Wir können wirtschaftlich nur erfolgreich sein, wenn wir die vorhandene Vielfalt erkennen und nutzen. Das betrifft

die Vielfalt in unserer Belegschaft und die vielfältigen Bedürfnisse unserer Kundinnen und Kunden sowie unserer Geschäftspartner. Die Vielfalt der Mitarbeiterinnen und Mitarbeiter mit ihren unterschiedlichen Fähigkeiten und Talenten eröffnet Chancen für innovative und kreative Lösungen.

Die „Charta der Vielfalt" hat zum Ziel, ein Arbeitsumfeld zu schaffen, das frei von Vorurteilen ist. Alle Mitarbeiterinnen und Mitarbeiter sollen Wertschätzung erfahren – unabhängig von Geschlecht, Nationalität, ethnischer Herkunft, Religion oder Weltanschauung, Behinderung, Alter, sexueller Orientierung und Identität. Die Anerkennung und Förderung dieser vielfältigen Potenziale schafft wirtschaftliche Vorteile für Unternehmen (vgl. Charta der Vielfalt 2014).

2.2   Modelle der Diversität

2.2.1   Sichtbare und unsichtbare Diversity-Merkmale

Die Vielfalt von Menschen lässt sich in Form von bestimmten Dimensionen klassifizieren. Krell et al. (2007, S. 9) definieren die so genannten „Big 8" der Diversität als Dimensionen, die am häufigsten thematisiert werden, um den Diversity-Begriff zu veranschaulichen:

» race, gender, ethnicity/nationality, organisational role/function, age, sexual orientation, mental/physical ability, religion.

Diese Unterscheidungsmerkmale können nach sichtbaren und unsichtbaren unterteilt werden (◘ Tab. 2.1).

Das ist eine recht einfache und nachvollziehbare Klassifikation. Allerdings ist die Zuordnung zu den sichtbaren oder unsichtbaren Merkmalen nicht immer offensichtlich. Der Bildungsstand einer Person ist beispielsweise nicht auf den ersten Blick erkennbar, sondern eher nach der Analyse von Bewerbungsunterlagen oder nach einem Fachgespräch. Andererseits kann die Religionszugehörigkeit durch das Tragen von religiösen Symbolen (z. B. ein Kopftuch bei muslimischen Frauen, ein Kreuz bei den Christen) sofort sichtbar sein.

Man sollte bedenken, dass auch die auf den ersten Blick klaren, offensichtlichen Merkmale wie Alter, Geschlecht oder Rasse keine objektiven Gegebenheiten, sondern bloß kulturelle Konstrukte sind.

Beispiel: Alter als kulturelles Konstrukt

Am Beispiel des Alters lässt es sich besonders gut nachvollziehen: Eine fünfzigjährige Frau in Deutschland zu Beginn des 20. Jahrhunderts galt schon als alt und krank, was meistens aufgrund schwerer Lebensumstände und schlechter medizinischen Versorgung objektiv zutraf. Heute fühlen sich viele Frauen mit Fünfzig noch jung und fit, sind im Arbeitsleben besonders produktiv, treiben Sport und

Tab. 2.1 Merkmale der Diversität	
Sichtbare Merkmale	**Unsichtbare Merkmale**
Alter, Geschlecht, Sprache, Rasse, ethnische Herkunft, Bildungsstand, Status, Funktion	Religion, sexuelle Orientierung, Werte, Einstellungen, Erfahrungen, Prinzipien

sehen wesentlich jünger aus, als gleichaltrige Frauen vor 100 Jahren. Die objektiven Lebensumstände und die subjektive Wahrnehmung des Alters in der Gesellschaft haben sich verändert.

Man sollte auch bedenken, dass die Reduzierung von Menschen auf nur eine Diversity-Dimension sehr einseitig ist. Jedes Individuum besitzt eine ganze Palette an Eigenschaften und Merkmalen, so genannte „multiple Identität". Frauen können sich beispielsweise in ihrem Alter, ihrer kulturellen Herkunft, ihrem Bildungsstand und ihrem Beruf unterscheiden.

Neben dem Modell mit sichtbaren und unsichtbaren Merkmalen gibt es weitere Modelle der Diversität, die eine komplexere Differenzierung von Dimensionen vornehmen. Das bekannteste Modell stammt von Gardenswartz und Rowe.

2.2.2 Vier Ebenen der Diversität nach Gardenswartz und Rowe

Das bekannte Modell von Gardenswartz und Rowe (1995) beinhaltet vier Ebenen:

» 1. Ebene: hier findet sich die individuelle Persönlichkeit eines Menschen.

2. Ebene: interne Dimensionen, die nicht oder kaum änderbar sind. Dazu gehören Alter, Geschlecht, sexuelle Orientierung, geistige und körperliche Fähigkeiten, Nationalität und ethnische Zugehörigkeit sowie der soziale Hintergrund.

3. Ebene: externe Dimensionen, zu denen Ausbildung, Berufserfahrung, Familienstand, geographische Lage bzw. Stand- oder Wohnort, Einkommen, Auftreten, Freizeitgewohnheiten, Religion oder Weltsicht, Elternschaft etc. zählen; Dimensionen also, die eine Person stark bestimmen, die sich aber ändern können.

4. Ebene: organisationale Dimensionen bzw. Dimensionen, die durch die Zugehörigkeit zu einer Organisation oder einem Unternehmen determiniert werden, wie z. B. die Funktion und Einstufung, Arbeitsinhalte und -interessen, Abteilung, Dauer der Firmenzugehörigkeit, Arbeitsort etc.

Diese einzelnen Dimensionen führen zu unterschiedlichen Lebens- und Arbeitserfahrungen und im Endeffekt zu unterschiedlichen Sichtweisen und Fähigkeiten der Individuen im Unternehmen und im privaten Bereich. Sie beeinflussen sich gegenseitig und bilden eine Einheit (◘ Abb. 2.1).

Im Zentrum des Modells steht die **Persönlichkeit** mit ihrer einzigartigen Kombination individueller Charakteristika. Mit der Positionierung im Zentrum soll der Tendenz zur verallgemeinernden Pauschalisierung entgegengewirkt werden. Jeder Mensch ist einzigartig, auch wenn er mit vielen anderen Menschen bestimmte Merkmale gemeinsam hat.

Die **internen Dimensionen** werden als Kerndimensionen bezeichnet, sie umfassen die bereits oben angeführten „unveränderbaren" Kategorien wie Geschlecht (Gender), Alter (Generation), Ethnie (kulturelle Herkunft), Hautfarbe, sexuelle Orientierung sowie physische oder psychische Beeinträchtigung (Behinderung).

Die **externen Dimensionen** sind stark durch die Sozialisation einer Person geprägt, können jedoch durch bewusste Entscheidungen verändert werden. Hier sind Ausbildung, Berufserfahrung, Wohn- und Arbeitsort, Einkommen, Gewohnheiten, Freizeitverhalten, Religion und Weltanschauung, Familienstand und Elternschaft zu finden.

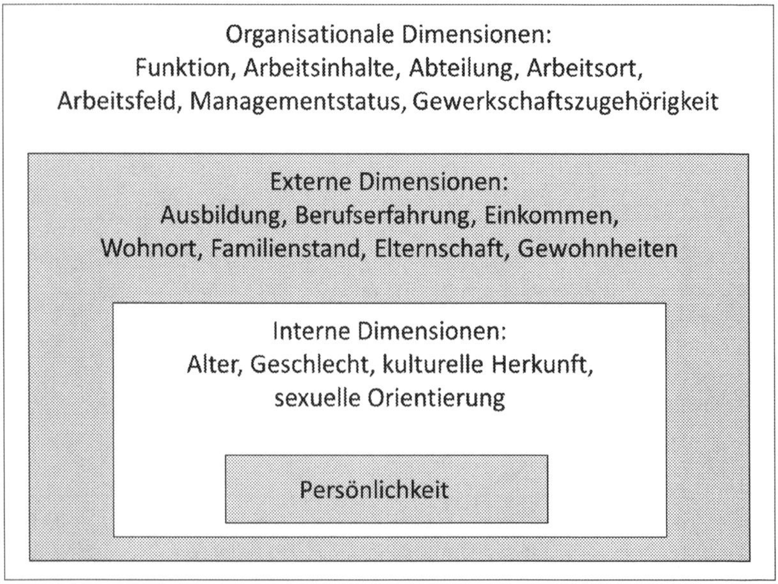

> **Organisationale Dimensionen:**
> Funktion, Arbeitsinhalte, Abteilung, Arbeitsort,
> Arbeitsfeld, Managementstatus, Gewerkschaftszugehörigkeit
>
> > **Externe Dimensionen:**
> > Ausbildung, Berufserfahrung, Einkommen,
> > Wohnort, Familienstand, Elternschaft, Gewohnheiten
> >
> > > **Interne Dimensionen:**
> > > Alter, Geschlecht, kulturelle Herkunft,
> > > sexuelle Orientierung
> > >
> > > > **Persönlichkeit**

◘ **Abb. 2.1** Dimensionen der Diversität nach Gardenswartz und Rowe

Die **organisationalen Dimensionen** gelten als Differenzierungskriterien innerhalb eines Unternehmens (einer Organisationen) und sind im Vergleich zu den anderen Dimensionen am stärksten veränderbar. Diese Unterschiede umfassen Merkmale wie Funktion und Hierarchiestufe, Führungsposition, Arbeitsinhalt, Abteilung, Arbeitsgruppe, Seniorität, Gewerkschafts- und Netzwerkzugehörigkeit.

Die Summe aller Merkmale macht uns als einzelartiges Individuum aus, wobei einige Teile unserer Identität angeboren oder anerzogen und nur schwer veränderbar sind, andere Teile durch die bewusste Selbstgestaltung und -entwicklung sowie durch die Einflüsse aus der Umwelt entstehen und sich lebenslang verändern.

Das Modell von Gardenswartz und Rowe hat eine komplexe Struktur und kann in der Praxis der Diversity-Arbeit nur begrenzt zum Einsatz kommen. In der Unternehmenspraxis werden meistens die internen, nicht veränderbaren Dimensionen der zweiten Ebene betrachtet – Alter, Geschlecht, kulturelle Herkunft, Religionszugehörigkeit, Behinderung und sexuelle Orientierung.

> **»** Auf den Punkt gebracht: Als zentrale Dimensionen der Diversität werden in der Unternehmenspraxis Alter, Geschlecht, kulturelle Herkunft, Religionszugehörigkeit, Behinderung und sexuelle Orientierung betrachtet.

2.2.3 Abgeleitete Fragestellungen zu den Dimensionen

In Anlehnung an das Modell von Gardenswartz und Rowe können die wichtigsten Fragestellungen für die Zusammenarbeit in Gruppen und Betrieben, basierend auf der Analyse von unveränderbaren Dimensionen der Beschäftigten, abgeleitet werden.

Alter: Wie sieht die Altersstruktur unseres Unternehmens aus? Welche Generationen sind in unserem Unternehmen vertreten? Wie arbeiten die Teammitglieder unterschiedlichen Alters miteinander? Wie können Barrieren zwischen den Generationen in der Zusammenarbeit überwunden werden? Welche Vorteile ergeben sich aus dieser Altersverteilung?

Geschlecht: Welche Frauenanteile haben wir in der Belegschaft und welche im Management? Werden die Chancen von Frauen und Männern in unserem Unternehmen als gleichwertig angesehen? Was brauchen wir, um die Chancengleichheit in unserem Team (Unternehmen) zu sichern? Wie arbeiten Frauen und Männer in Arbeitsgruppen und Gremien zusammen?

Kulturelle Herkunft: Welche ethnische Hintergründe haben unsere Beschäftigten? Was wissen wir über ihre unterschiedlichen kulturellen Erfahrungen und Vorgehensweisen? Wie kann Sprachenvielfalt effizient genutzt werden? Was können wir von einander lernen? Wie können wir von dem multikulturellen Wissen der Mitarbeitenden profitieren?

Religionszugehörigkeit: Welchen Religionen gehören die Beschäftigten unseres Unternehmens an? Wie gehen wir mit verschiedenen Religionen um – Akzeptanz und Bekanntgabe verschiedener Feiertage, Essensangebot in der Kantine, Tolerierung von religiösen Symbolen im Alltag? Was können wir von den Anhängern anderer Religionen lernen?

Behinderung: Wie viele Schwerbehinderte sind in unserem Unternehmen beschäftigt? Welche Maßnahmen ergreifen wir, um die Behinderten einzustellen und zu unterstützen? Wie integriert fühlen sich Mitarbeitende mit körperlichen und psychischen Beeinträchtigungen? Wie können wir die Integration/Inklusion dieser Menschen fördern?

Sexuelle Orientierung: Wie offen wird in unserem Unternehmen mit sexueller Orientierung umgegangen? Gibt es Störungen in der Zusammenarbeit von Beschäftigten mit unterschiedlicher sexueller Orientierung? Was brauchen wir, um die Toleranz gegenüber einer anderen sexuellen Orientierung zu erhöhen?

Die aufgeführten Fragestellungen zeigen, wie wichtig die Dimensionen der Diversität in der Zusammenarbeit in Gruppen und Unternehmen sind.

2.3 Zentrale Dimensionen der Diversität in der Unternehmenspraxis

2.3.1 Dimension Alter

Es stellt sich zunächst die Frage, ab wann ein Mensch alt ist. Auf diese Frage gibt es keine Antwort ohne spezifischen Kontext. Nach Bendl et al. (2012, S. 83) ist Alter als relationale Kategorie zu verstehen, d. h. ein Mensch kann mit 50 als jung eingestuft werden in Relation zu 70- oder 80-jährigen Menschen. Darüber hinaus bedeutet diese Relationalität auch, dass mit jedem chronologischen Alter bestimmte Bedeutungen und Bewertungen transportiert werden. In der Arbeitswelt gilt für Personalverantwortliche häufig das 50. Lebensjahr als „kritische Grenze" bei Neueinstellungen.

Durch den zunehmenden demografischen Wandel hat die Dimension „Alter" in Unternehmen an Bedeutung gewonnen und gehört zu den gängigsten Merkmalen, die im Fokus der Diversity-Arbeit stehen.

Um verschiedene Altersgruppen der Beschäftigten zu charakterisieren, wird zunächst die **Altersstruktur der Belegschaft** analysiert. Auf dieser Basis werden die relevanten Altersgruppen (oder Generationen) von Mitarbeitenden definiert, das Durchschnittsalter der Belegschaft berechnet, eine Prognose der Altersstruktur erstellt, um rechtzeitig Nachwuchskräfte zu rekrutieren und die Wissensübergabe an die nächste Generation vorzubereiten.

Tendenziell werden die Belegschaften von Unternehmen immer älter, und die Problematik der **Beschäftigungsfähigkeit** Älterer gewinnt an Bedeutung. Für eine altersgerechte Beschäftigung von älteren Menschen in Unternehmen sind zum Beispiel eine adäquate Gestaltung von Arbeitsplätzen, Flexibilisierung der Arbeitszeit und die Maßnahmen des Gesundheitsmanagements notwendig.

Allerdings stehen nicht nur die Älteren im Mittelpunkt der Personalarbeit, sondern ebenfalls die Jüngeren, ihre Beschäftigungs- und Aufstiegschancen.

Beispiel: Ganzheitliches Generationenmanagement bei Bayer

Der Bayer-Konzern betreibt ein ganzheitliches Generationenmanagement und berücksichtigt die Interessen der älteren und jüngeren Beschäftigten, um dem demografischen Wandel zu begegnen. Zu diesem Zweck wurden im gesamten Bayer-Konzern Entwicklungsprognosen zur Altersstruktur erstellt, die bis ins Jahr 2020 reichen.

Das Unternehmen ist für den Fachkräftemangel gut gerüstet – bildet auf hohem Niveau aus und ist als Arbeitgeber für externe Fachkräfte attraktiv. Gleichzeitig setzt Bayer darauf, die Potenziale der älteren Mitarbeiter noch besser zu nutzen und zu fördern. Das Wissen der Älteren an Jüngere im Unternehmen weiterzugeben, ist eine Aufgabe des Bayer Senior Experts Network, kurz „BaySEN". Diese Maßnahme wird durch den kontinuierlichen Ausbau des betrieblichen Gesundheitsmanagements ergänzt. Die Gesamtbetriebsvereinbarung „Lebensarbeitszeit und Demografie", die in Deutschland seit 2010 wirksam ist, zeigt eine weitere Facette des Demografie-Managements bei Bayer. Hier geht es um eine Belastungsreduzierung für Schichtmitarbeiter ab dem vollendeten 55. Lebensjahr. Dadurch wird die Beschäftigungsfähigkeit Älterer aufrechterhalten und die Einstiegschancen von Jüngeren verbessert (Bayer Konzern 2013, S. 53).

Die junge Generation, die zurzeit in den Arbeitsmarkt eintritt und zu der die meisten von den Lesern dieses Buches gehören, stellt neue Anforderungen an die Arbeitswelt, Organisation und Führung in Unternehmen. Diese „**Generation Y**"(„**Digital Natives**") ist mit der Informations- und Kommunikationstechnologie aufgewachsen, fühlt sich im Internet und Socialmedia zu Hause, arbeitet gerne in Gruppen. In Unternehmen wünschen sich die Jüngeren einen Ausgleich von Beruf und Freizeit, einen offenen Führungsstil und eine transparente Kommunikation (vgl. Dürhager und Heuer 2009). Um den Anforderungen dieser Generation gerecht zu werden, sind spezielle Maßnahmen zur **Work-Life-Balance** wie flexible Arbeitszeiten und Arbeitsorte, umfassende Vernetzung und Digitalisierung, mehr Freiräume und Autonomie in Unternehmen notwendig.

Auch die Problematik der Zusammenarbeit in **altersgemischten Arbeitsteams** ist eine der Facetten der Diversity-Dimension „Alter". Eine reibungslose Zusammenarbeit ist nur auf der Basis des gegenseitigen Respekts und der intensiven Kommunikation möglich. Um das Erfahrungswissen der Älteren an die Jüngere weiterzugeben, sind spezielle Mentoring- und Wissenstransferprogramme geeignet.

> Auf den Punkt gebracht: Die Dimension „Alter" beschäftigt sich mit den Schwerpunkten Altersstruktur, Alters- und Generationengruppen, altersgerechte Beschäftigung, Anforderungen der Generation Y, Zusammenarbeit in altersgemischten Arbeitsteams.

2.3.2   Dimension Geschlecht

Die Dimension „Geschlecht" (oder Gender) ist insbesondere durch die politische Debatte über Frauenquoten im Management aktuell geworden. Junge Frauen in Deutschland sind überdurchschnittlich gut qualifiziert, selbstbewusst und karriereorientiert, allerdings haben sie immer noch immense Schwierigkeiten, eine Führungskarriere zu machen, und sind im Top-Management unterrepräsentiert.

Beispiel: Frauen im Management

Trotz der anhaltenden Diskussion um Frauenquoten zeigt sich kaum Bewegung im Top-Management der deutschen Großunternehmen. Der Anteil weiblicher Führungskräfte im Top- und Mittelmanagement beträgt zusammen gerade einmal 21 Prozent und nur 11 Prozent auf der obersten Chefetage. Das ist ein Ergebnis der Studie „Frauen im Management 2013"(FiM 2013), die der Wirtschaftsinformationsdienstleister Bisnode in einer Kooperation mit der Hochschule Osnabrück veröffentlicht hat. Den größten Zugewinn an weiblichen Führungskräften zwischen 2006 und 2013 verzeichnen kleine und mittlere Unternehmen, wo der Anteil von Frauen im Management 23 Prozent erreicht hat. Für die Studie „Frauen im Management" wurden die Daten zur beruflichen Position der Frauen in 260.000 Unternehmen in Deutschland ausgewertet (vgl. Bisnode 2014).

Um die reale Chancengleichheit beider Geschlechter zu erreichen und die wertvollen Potenziale von Frauen für Unternehmen und Organisationen zu erschließen, sind spezielle Maßnahmen für die Förderung von karriereorientierten Frauen notwendig. Dabei können Frauennetzwerke, Weiterbildung und **Mentoring** für Frauen, Maßnahmen für bessere Vereinbarkeit von Beruf und Familie sowie **Kinderbetreuung** eine sinnvolle Unterstützung leisten.

Allerdings geht es bei der Dimension „Gender" nicht nur um die Frauen, sondern genauso um die Männer. Für eine erfolgreiche Frauenkarriere ist die Akzeptanz seitens der Männer (und speziell seitens des Partners) unentbehrlich. Die Kinderbetreuung ist nicht nur Frauen-, sondern auch Männersache. Mit dem neu eingeführten Elterngeld für Väter und der Elternzeit mit den speziell für Väter reservierten Monaten gibt die derzeitige Familienpolitik den jungen Männern die Möglichkeit, sich an der Kinderbetreuung zu beteiligen. Immer mehr Väter nehmen diese Zeit in Anspruch.

Beispiel: Elterngeld – Väterbeteiligung mit 27,3 % auf neuem Höchststand

Der Anteil der Väter, die Elterngeld in Anspruch nehmen, hat einen neuen Höchststand erreicht. Wie das Statistische Bundesamt mitteilt, haben Väter von 181.000 der insgesamt rund 663.000 im Jahr 2011 geborenen Kinder Elterngeld bezogen. Dies entspricht einer Väterbeteiligung von 27,3 %. Damit ist die Väterbeteiligung gegenüber dem Vorjahr noch einmal deutlich um 2 Prozentpunkte angestiegen. Mütter bezogen in durchschnittlich 95 % der Fälle Elterngeld (vgl. Statistisches Bundesamt 2013a).

> Auf den Punkt gebracht: Bei der Dimension „Geschlecht" geht es um die Chancengleichheit beider Geschlechter, Förderung von Frauen in Führungspositionen, Work-Life-Balance im Arbeitsleben und familienfreundliche Unternehmenskultur.

2.3.3 Dimension kulturelle Herkunft

Deutsche Gesellschaft zeichnet sich durch eine ausgeprägte kulturelle Vielfalt aus. Wie bereits in aufgezeigt wurde (▶ Kap. 1), hat jeder fünfte Mensch in Deutschland einen **Migrationshintergrund**.

Beispiel: Kulturelle Vielfalt in Deutschland
Im Jahre 2012 betrug der Anteil von Personen mit Migrationshintergrund in Deutschland 20 Prozent. Die meisten Personen mit Migrationshintergrund stammen aus der Türkei (18,3 %), gefolgt von Polen (9,4 %), der Russischen Föderation (7,4 %) und Italien (4,6 %). Kasachstan ist mit 5,6 % das einzige wichtige nicht-europäische Herkunftsland. Mit 1,4 Mio. kommen die meisten (Spät-) Aussiedler aus den Nachfolgestaaten der ehemaligen Sowjetunion – vor allem aus der Russischen Föderation (601.000) und aus Kasachstan (567.000); daneben sind Polen (598.000) und Rumänien (231.000) wichtige Herkunftsländer (vgl. Statistisches Bundesamt 2013d, S. 7).

Viele Unternehmen und Organisationen haben längst erkannt, dass sie von der Beschäftigung der Menschen mit anderskultureller Herkunft profitieren können. Die Kundschaften und Märkte für die Produkte und Dienstleistungen deutscher Unternehmen sind zunehmend vielfältig und international. Die Sprach- und Kulturkenntnisse der interkulturellen Beschäftigten können ein Schlüssel zu neuen Kundengruppen und Märkten werden.

In vielen Unternehmen und Organisationen bilden sich **interkulturelle Netzwerke**, in denen sich die Mitglieder zum Erfahrungsaustausch finden. So werden die spezifischen Belange und Interessen dieser Gruppen identifiziert und kommuniziert. Aus diesen Netzwerken können darüber hinaus hilfreiche Vorschläge für Unternehmen und seine künftige Entwicklungen kommen, z. B. Ideen zu Marktstrategien, Produktinnovationen, Kundenansprache oder Rekrutierungsmöglichkeiten für die Menschen mit verschiedenen kulturellen Hintergründen als zukünftige Beschäftigte oder Kundenzielgruppen.

Allerdings bedarf es dafür einer in der Unternehmenskultur verankerten **Wertschätzung der Vielfalt**. Kulturelle Diversität muss offengelegt und breit kommuniziert werden. Oft sind dafür spezielle **Sensibilisierungstrainings, interkulturelle Workshops** erforderlich. Diese Maßnahmen richten sich in erster Linie an die Führungskräfte als Vorbilder und Träger der Unternehmenskultur. Auch eine kulturelle Vielfalt in den Führungsetagen trägt dazu bei, dass verschiedene Kulturen miteinander erfolgreich arbeiten und **Synergieeffekte** erzielen.

> ❯ Auf den Punkt gebracht: Die Dimension „kulturelle Herkunft" beschäftigt sich mit der Vielfalt von Herkunftskulturen und Hintergründen der Beschäftigten, setzt den Schwerpunkt auf die gegenseitige Wertschätzung und Sensibilisierungsmaßnahmen.

2.3.4   Dimension Religionszugehörigkeit

Durch das Praktizieren von religiösen Ritualen fühlen sich Gläubige einer religiösen Glaubensgemeinschaft zugehörig. Strukturell gesehen, bildet Religion einen Rahmen, der Individuen Handlungsanleitungen bietet, indem bestimmte Normen und Werte des Verhaltens vorgegeben werden. Deswegen haben religiöse Praktiken eine machtvolle und stabile Stellung in der der Gesellschaft.

Bedingt durch die zunehmende kulturelle Vielfalt steigt in Deutschland die Anzahl von verschiedenen Glaubensrichtungen und Weltanschauungen, denen die Beschäftigten in Unternehmen angehören. Neben der katholischen und evangelischen Kirche sind in der deutschen Gesellschaft muslimische und jüdische Gemeinden, Buddhisten, Hindus und Atheisten vertreten.

Beispiel: Deutsche Bevölkerung nach Religionszugehörigkeit
Laut Angaben des statistischen Bundesamtes Deutschland setzt sich die deutsche Bevölkerung aus 30,8 Prozent Katholiken, 30,2 Prozent evangelischen Christen und 38,8 Prozent Vertreter anderer Religionen oder Menschen ohne Konfession zusammen (vgl. Statistisches Bundesamt 2013b).
In Deutschland leben zwischen 3,8 und 4,3 Millionen Muslime mit Migrationshintergrund. Sie stammen aus 50 Ländern der Welt, darunter 2,5 Millionen aus der Türkei. Die Muslime in Deutschland sind keine homogene Gruppe – die überwiegende Mehrheit der Muslime (fast 75 Prozent) ist sunnitisch, danach folgt die Gruppe der Aleviten und der hauptsächlich aus Iran stammenden Schiiten (vgl. Deutsche Islam Konferenz 2014).

Treffen in einem Arbeitsteam oder Unternehmen Vertreter verschiedener Religionen aufeinander, so kann es zu verschiedenen Meinungen, Missverständnissen und Konflikten kommen. Werden religiöse Feiertage und Gepflogenheiten bei der Einsatzplanung, bei Entscheidungen über den Urlaub oder im Essensangebot in der Betriebskantine nicht berücksichtigt, so kann es zu **Unzufriedenheit** oder **Demotivation** der Beschäftigten führen.

Die Aktivitäten zu dieser Dimension in Unternehmen sind sehr unterschiedlich. Typische Beispiele sind die Berücksichtigung der Feiertage von unterschiedlichen Religionen im Betriebskalender, die Einrichtung von **Gebetsräumen** für verschiedene Religionen sowie vielfältige **Speisenangebote** entsprechend der religiösen Gepflogenheiten (vegetarische und vegane Gerichte, schweinefreie und koschere Speisen).

Die Berücksichtigung der Religionszugehörigkeit der Belegschaftsmitglieder erleichtert die Kommunikation zwischen den Anhängern verschiedener Religionen im Alltag und dient als Zeichen für gegenseitige Wertschätzung und Respekt.

⊗ **Auf den Punkt gebracht: Bei der Diversity-Dimension „Religionszugehörigkeit"**
handelt es sich um die Anerkennung, Wertschätzung und Berücksichtigung
verschiedener Religionen der Beschäftigten in Unternehmen.

2.3.5 Dimension Behinderung

Schwerbehinderte Personen haben es nicht leicht, einen geeigneten Arbeitsplatz zu finden, und werden oft mit Vorurteilen hinsichtlich ihrer Fähigkeiten behaftet. Allerdings können sie bei einer adäquaten Beschäftigung hohe Arbeitsleistung und Motivation an den Tag legen. Dafür sind bestimmte Voraussetzungen notwendig, z. B. **Barrierefreiheit** beim Zugang zum Arbeitsplatz und eine individuelle Anpassung des Arbeitsplatzes.

Beispiel: Integration von Schwerbehinderten im Bayer-Konzern
Die Einbeziehung und Stärkung von Schwerbehinderten ist weltweit ein Anliegen des Unternehmens. Bayer beschäftigt in 25 Ländern behinderte Menschen. Die meisten Schwerbehinderten sind in den Konzerngesellschaften in Deutschland angestellt. Die Schwerbehindertenquote beträgt hier im Berichtsjahr 4,4 Prozent (Bayer Konzern 2013, S. 52).

Parallel zu diesen Maßnahmen ist eine **Toleranz** und **Wertschätzung** der physisch und psychisch behinderten Menschen notwendig. Nur wenn sich die Schwerbehinderten in Unternehmen willkommen fühlen, nicht ausgegrenzt oder stigmatisiert werden, können sie ihre Leistungen im Arbeitsalltag erbringen.

Merke!

Unter der **Dimension „Behinderung"** wird die Verbesserung der Chancen von Schwerbehinderten verstanden, einen adäquaten Arbeitsplatz in Unternehmen zu bekommen.

2.3.6 Dimension sexuelle Orientierung

Die Individualisierung der Gesellschaft in Bezug auf Werte und Lebenskonzepte erfordert Sensibilisierung und Toleranz gegenüber verschiedenen sexuellen Orientierungen. Menschen, die sich als Schwule, Lesben, Bisexuelle oder Transgender bezeichnen, sind Teil unserer Gesellschaft. Nach Angaben des Statistischen Bundesamtes gab es in Deutschland im Jahr 2012 73 Tsd. gleichgeschlechtliche Lebensgemeinschaften (Statistisches Bundesamt 2013c, S. 56).

Schwule, lesbische, bisexuelle und Transgender Mitarbeiter in Unternehmen dürfen aufgrund ihrer sexuellen Orientierung nicht diskriminiert werden, sollen gleiche Chancen haben und Wertschätzung erleben. In einem Unternehmen, wo man mit den Menschen verschiedener sexueller Orientierung aufgeschlossen umgeht, werden Motivation und Leistungsbereitschaft der Mitarbeitenden gefördert. Zusätzlich können dadurch neue Kundengruppen und Marktsegmente gewonnen werden.

Die Dimension „sexuelle Orientierung" ist in der Regel unsichtbar und wird in vielen Unternehmen als Privatsache der Beschäftigten betrachtet. Allerdings entstehen in einigen aufgeschlossenen Unternehmen Schwulen/Lesben-Netzwerke, die Erfahrungsaustausch und Vernetzung der Mitarbeitenden untereinander und nach außen anstreben.

Beispiel: GLOBE-Netzwerk bei Ford Werken in Köln
GLOBE, der Zusammenschluss schwuler, lesbischer und bisexueller Mitarbeiter/-innen, macht sich erfolgreich für deren Gleichstellung stark. Das Netzwerk will erreichen, dass lesbische, schwule und bisexuelle Beschäftigte im Unternehmen ein offenes und respektvolles Arbeitsklima vorfinden und setzt sich für die vorurteilsfreie Gleichberechtigung ein. GLOBE engagiert sich extern in einer Vielzahl von Aktivitäten, wie Teilnahme am Christopher-Street-Day in Köln und Saarbrücken. Der so genannte „11-Punkte-Plan" regelt die gänzliche Gleichstellung von eingetragenen, gleichgeschlechtlichen Lebenspartnerschaften und verheirateten Paaren bei Ford (vgl. Ford 2014).

Gegenüber den Menschen mit homosexueller Orientierung gibt es in der Gesellschaft immer noch Vorbehalte. Auch wenn sie in Deutschland viel mehr Freiheit und Toleranz erleben, als in einigen osteuropäischen oder gar muslimischen Ländern, gibt es auch hier oft Abneigung und Vorurteile, insbesondere seitens der älteren Generationen. Jüngere Menschen sind eher aufgeschlossen und bereit, verschiedene Lebenskonzepte und sexuelle Neigungen zu akzeptieren.

> **Merke!**
>
> Bei der **Dimension „sexuelle Orientierung"** geht es um die vorurteilsfreie Gleichberechtigung und Aufgeschlossenheit gegenüber den Schwulen, lesbischen, bisexuellen und Transgender Beschäftigten in Unternehmen und Organisationen.

2.4 Lern-Kontrolle

Kurz und bündig

Begriff und Dimensionen von Diversity. Allgemein beschreibt Diversity die Vielfalt der Menschen, die Individualität jedes Einzelnen. Dabei geht es sowohl um Unterschiede, als auch um die Gemeinsamkeiten der Menschen.

Praktische Anwendung findet die pragmatische Definition von Diversity, die die Vielfalt der Menschen auf einige wesentliche Dimensionen zurückführt. So kann man die Diversität in einem Unternehmen operationalisieren und mit den einzelnen Belegschaftsgruppen arbeiten. Allerdings sind solche Kategorisierungen gefährlich, da sie Bildung von Stereotypen und Vorurteilen fördern und zur Abschottung einzelner Gruppen führen können.

Gängige Modelle unterscheiden zwischen sichtbaren und unsichtbaren Merkmalen der Diversität oder definieren mehrere Ebenen der Vielfalt, wie das Vier-Ebenen-Modell nach Gardenswartz und Rowe. Demnach befindet sich im Zentrum die Persönlichkeit, umrahmt von internen (eher unveränderbaren) Dimensionen wie Alter, Geschlecht, kultureller Hintergrund, Religion, Behinderung. Weiterhin folgen externe (Bildungsstand, Erfahrung, Familie, Gewohnheiten etc.) und organisationale Dimensionen (Funktion, Arbeitsinhalte und -bereiche, Managementstatus etc.), die eher veränderbar sind. Die Gesamtheit aller Merkmale macht ein Individuum aus.

In der Unternehmenspraxis finden meistens die internen Dimensionen von Diversity eine breitere Anwendung – Alter, Geschlecht, kulturelle Herkunft, Religionszugehörigkeit, Behinderung und sexuelle Orientierung. Alle Mitarbeitenden sollen Chancengleichheit und Wertschätzung erfahren – unabhängig von Geschlecht, Nationalität, ethnischer Herkunft, Religion oder Weltanschauung, Behinderung, Alter, sexueller Orientierung und Identität. Die Anerkennung und Förderung der Vielfalt verspricht Unternehmen und Organisationen wirtschaftliche Vorteile bei Erschließung neuer Märkte und Zielgruppen oder bei Rekrutierung und Bildung von Fachkräften.

❷ Let's check

1. Was versteht man unter Diversity?
2. Worin besteht der Unterschied zwischen Stereotypen und Vorurteilen?
3. Welche Diversity-Dimensionen sind sichtbar? Welche unsichtbar?
4. Welche Ebenen hat das Modell der Diversität nach Gardenswartz und Rowe?
5. Welche Dimensionen werden meistens in der Unternehmenspraxis angewendet?
6. Mit welchen Fragestellungen befasst sich die Dimension Alter?
7. Welche Schwerpunkte hat die Dimension Gender?
8. Welche Fragestellungen sind bei der Betrachtung der Dimension kulturelle Herkunft relevant?
9. Welche Fragestellungen sich für die Dimension Religionszugehörigkeit typisch?
10. Womit befasst sich die Dimension Behinderung?
11. Worum geht es bei der Dimension sexuelle Orientierung?

❓ Vernetzende Aufgaben

Was kann man gegen die Entstehung von Vorurteilen unternehmen?

ℹ Lesen und Vertiefen

- Charta der Vielfalt (Hrsg.). (2014). Über die Charta. ► http://www.charta-der-vielfalt.de/charta-der-vielfalt/ueber-die-charta.html. Zugegriffen: 12. Juli 2014. Hier bekommen Sie ausführliche Informationen über die Entstehungsgeschichte der Initiative Charta der Vielfalt, ihre rasante Verbreitung und die aktuellen Aktivitäten.
- Charta der Vielfalt (Hrsg.). (2014). Vielfalt erkennen – Strategien für einen sensiblen Umgang mit unbewussten Vorurteilen. Online-Dossier der Charta der Vielfalt. ► http://www.charta-der-vielfalt.de/fileadmin/user_upload/beispieldateien/Downloads/Vielfalt_erkennen_WEBDRUCK.pdf Zugegriffen: 12. Juli 2014. In diesem Dossier werden die gängigen Stereotypen im Umgang mit der Vielfalt, ihre Ursachen aus Sicht verschiedener Fachdisziplinen sowie die Methoden der Sensibilisierung anhand von vielen Beispielen aufgezeigt.

Literatur

Bayer Konzern (2013). *Nachhaltigkeitsbericht 2012.* http://www.nachhaltigkeit2012.bayer.de/. Zugegriffen: 10. Mai 2014

Bendl, R., Eberherr, H., & Mensi-Klarbach, H. (2012). Vertiefende Betrachtungen zu ausgewählten Diversitätsdimensionen. In R. Bendl, E. Hanappi-Egger, & R. Hofmann (Hrsg.), *Diversität und Diversitätsmanagement* (S. 79–135). Wien: Facultas.

Bisnode (2014). *Frauen im Management: Ja, wo stecken Sie denn? Pressemitteilung.* http://www.bisnode.de/press_release/frauen-im-management-ja-wo-stecken-sie-denn/. Zugegriffen: 2. Mai 2014

Brücker, H., Hauptmann, A., & Vallizadeh, E. (2013). *Arbeitsmigration oder Armutsmigration? IAB-Kurzbericht Nr. 16/2013.* http://doku.iab.de/kurzber/2013/kb1613.pdf. Zugegriffen: 10. Mai 2014

Charta der Vielfalt (2014). *Über die Charta.* http://www.charta-der-vielfalt.de/charta-der-vielfalt/ueber-die-charta.html. Zugegriffen: 2. Mai 2014

Deutsche Islam Konferenz (2014). *Etwa 4 Millionen Muslime in Deutschland.* http://www.deutsche-islam-konferenz.de/DIK/DE/Magazin/Lebenswelten/ZahlMLD/daten-und-fakten1-hidden-node.html;jsessionid=BF7A76551EFF634CBE626ACEBC6F9DFF.1_cid361. Zugegriffen: 16. Mai 2014

Dürhager, R., & Heuer, T. (2009). *Eingeborene der digitalen Netze. Das Manifest der Digital Natives.* http://www.changex.de/Article/manifest_digital_natives. Zugegriffen: 28. April 2014

Ford (2014). *Menschen bei Ford, Diversity.* http://www.ford.de/UeberFord/FordinDeutschland/MenschenbeiFord. Zugegriffen: 11. Mai 2014

Gardenswartz, L., & Rowe, A. (1995). *Diverse Teams at Work.* Burr Ridge - Illinois: Irwin Professional.

Krell, G., Riedmüller, B., Sieben, B., & Vinz, D. (Hrsg.). (2007). *Diversity Studies. Grundlagen und disziplinäre Ansätze.* Frankfurt a.M.: Campus.

Statistisches Bundesamt (2013a). *Elterngeld. Väterbeteiligung mit 27,3 % auf neuem Höchststand.* *Pressemitteilung Nr. 176 vom 27.05.2013.* https://www.destatis.de/DE/PresseService/Presse/Pressemitteilungen/2013/05/PD13_176_22922.html. Zugegriffen: 28.04.2014

Statistisches Bundesamt (2013b). *Zensus 2011. Bevölkerung nach Geschlecht, Alter, Staatsangehörigkeit, Familienstand und Religionszugehörigkeit.* https://www.destatis.de/DE/Publikationen/Thematisch/Bevoelkerung/Zensus/ZensusBuLa5121101119004.pdf?__blob=publicationFile. Zugegriffen: 2. Mai 2014

Statistisches Bundesamt (2013c). *Statistisches Buch 2013, Kapitel 2: Bevölkerung, Familien, Lebensformen.* https://www.destatis.de/DE/Publikationen/StatistischesJahrbuch/Bevoelkerung.pdf;jsessionid=BC129C44D97FD2BA217A56FB4774E669.cae3?__blob=publicationFile. Zugegriffen: 11. Mai 2014

Statistisches Bundesamt (2013d). *Bevölkerung und Erwerbstätigkeit. Bevölkerung mit Migrationshintergrund, Ergebnisse des Mikrozensus 2012.* https://www.destatis.de/DE/Publikationen/Thematisch/Bevoelkerung/MigrationIntegration/Migrationshintergrund2010220127004.pdf?__blob=publicationFile. Zugegriffen: 16 Mai 2014

Thomas, D. C., & Ely, R. J. (1996). Making differences matter: A new paradigm for managing diversity. *Harvard Business Review, 9*(7996), 79–89.

Entwicklung und Status quo des Diversity Managements

Swetlana Franken

S. Franken, *Personal: Diversity Management,* Studienwissen kompakt,
DOI 10.1007/978-3-658-06797-7_3, © Springer Fachmedien Wiesbaden 2015

Lern-Agenda

Das Konzept Diversity Management stammt ursprünglich aus den USA und spiegelt die Idee der Gerechtigkeit und Chancengleichheit wider. Seine Verbreitung in Europa wurde durch den Europäischen Vertrag und die Richtlinien zur Antidiskriminierung vorangetrieben. In Deutschland bilden das Grundgesetz, das Allgemeine Gleichbehandlungsgesetz und einige Quotenregelungen den formellen Rahmen für Diversity Management. Allerdings braucht Diversity Management neben den gesetzlichen Regelungen eine aktive Mitwirkung von Unternehmen und Organisationen, wobei die wirtschaftlichen Vorteile der Diversität eine besondere Stellung einnehmen.

In diesem Kapitel erfahren Sie, wie das Konzept Diversity Management entstanden ist und welche Gründe Unternehmen zur Etablierung von Diversity-Maßnahmen bewegen. Außerdem werden Sie die Unternehmensinitiative „Charta der Vielfalt" kennenlernen und einen Überblick über den aktuellen Stand des Diversity Managements in Großkonzernen, mittelständischen und kleinen Unternehmen in Deutschland bekommen. Die Struktur des Kapitels ist in der Tabelle visualisiert.

Geschichte und Status quo des Diversity Managements

– Entstehungsgeschichte des Diversity-Konzeptes in den USA und in Europa. Gründe für Diversity Management in europäischen Unternehmen. Entwicklungsstufen des Diversity-Konzeptes.	Ursprung und Geschichte des Diversity Managements	▶ Abschn. 3.1
– Antidiskriminierungsregelungen im Grundgesetz, in europäischen Richtlinien und im AGG. Quotenregelungen. Politische und Unternehmensinitiativen. Charta der Vielfalt.	Gesetzliche und politische Rahmenbedingungen in Deutschland	▶ Abschn. 3.2
– Stellenwert und Verbreitung des Diversity Managements in Großkonzernen, mittleren und kleinen Unternehmen in Deutschland.	Status quo des Diversity Managements in deutschen Unternehmen	▶ Abschn. 3.3

3.1 Ursprung und Geschichte des Diversity Managements

3.1.1 Entstehung des Konzeptes in den USA und der EU

Seinen Ursprung hat **Diversity Management** in den USA, es ist als Folge der Antidiskriminierungsregelungen und der entsprechenden Fördermaßnahmen, sogenannter „positive actions" der Gleichstellungspolitik, entstanden. Bereits in den 1980er Jahren lag der Schwerpunkt des US-amerikanischen Diversity-Konzeptes nicht nur auf gleichen sozialen Chancen für verschiedene Gesellschaftsgruppen (als Verwirklichung des „American Dream"), sondern auch auf den Vorteilen der Diversität für Unternehmen und Organisationen.

Diese pragmatisch-optimistische Ausrichtung hat die Entwicklung von Diversity Management stark geprägt. Im Kontext des Human Ressource Managements (HRM) werden mit Diversity Management die Potenziale der Beschäftigten besser erkannt und – falls keine Diskriminierung stattfindet – optimal genutzt und weiterentwickelt. Als Folge ergeben sich diverse Vorteile sowohl für Unternehmen (als wirtschaftlicher Nutzen) als auch für die Mitarbeitenden (als Entwicklungschancen) (▶ Kap. 6).

> ┌── **Merke!** ──
>
> **Diversity Management** ist ein Konzept für einen bewussten Umgang mit der Vielfalt in Unternehmen.

Die Verbreitung des Diversity Managements in Europa kann auf den Artikel 13 des Amsterdamer Vertrages zurückgeführt werden, der die Europäische Union (EU) mit weit reichenden juristischen Befugnissen ausstattet, damit die Diskriminierung in all ihren Formen verstärkt bekämpft werden kann. Auf dieser Grundlage beruhen vor allem die Rechtsvorschriften gegen Diskriminierung und Belästigung am Arbeitsplatz (vgl. Europäische Kommission 2003, S. 3).

Zu einem weiteren prägenden Ereignis für die Entwicklung des Diversity Managements in der EU wurde die Verabschiedung von zwei Richtlinien im Jahr 2000, die das Gleichbehandlungsgebot beim Zugang zu Beschäftigung, Berufsausbildung, bei den Arbeits- und Beschäftigungsbedingungen, bei der Mitgliedschaft in Berufs- und Wirtschaftsverbänden sowie in Organisationen der freien Berufe verankern. Diese Richtlinien betreffen die direkte und indirekte Diskriminierung aus Gründen der Rasse, der ethnischen Herkunft, der Religion oder Weltanschauung, einer Behinderung, des Alters oder der sexuellen Ausrichtung (vgl. Europäische Kommission 2003, S. 3).

Allerdings reichen Rechtsvorschriften allein nicht aus, um sicherzustellen, dass alle Unionsbürger am Arbeitsplatz die gleichen Chancen haben. Um diese breiter gefassten politischen Ziele zu erreichen, sind Maßnahmen erforderlich, die die Unternehmen davon überzeugen, mit Hilfe einer entsprechenden Einstellungs- und Personalpolitik auf eine diversifizierte Mitarbeiterschaft hinzuarbeiten (vgl. Europäische Kommission 2003, S. 3). Unternehmen sollen die Vorteile einer vielfältigen Belegschaft erkennen.

⧽ Auf den Punkt gebracht: Positive wirtschaftliche und soziale Auswirkungen auf Unternehmen, wie Verbesserung der Geschäftslage, Stärkung wettbewerblicher Vorteile, guter Ruf als Arbeitgeber oder hohe Arbeitszufriedenheit der Belegschaft, sind die besten Argumente für Diversity Management.

3.1.2 Gründe für Diversity Management in europäischen Unternehmen

In einer Studie der Europäischen Kommission zu Diversity Management in Europa wurden drei Gründe identifiziert, die Unternehmen dazu veranlassen, Diversity-Maßnahmen zu ergreifen (vgl. Europäische Kommission 2003, S. 10–11):

- **Ethische Gründe:** Einige Unternehmen sind der Meinung, dass die Schaffung von Beschäftigungschancen für Angehörige sozial benachteiligter Gruppen die richtige Entscheidung ist. Am stärksten ausgeprägt sind Motive dieser Art unabhängig von der Betriebsgröße in Unternehmen mit philanthropischen Traditionen sowie in mittelständischen Unternehmen, weil dort die privaten Ansichten der Eigentümer oder Geschäftsführer größeren Einfluss auf die Unternehmenstätigkeit haben als in Großkonzernen.
- **Rechtliche Gründe:** Einige Unternehmen setzen Ziele im Zusammenhang mit Vielfalt als Mechanismus zum Nachweis der Einhaltung der Antidiskriminierungsgesetze, um gesetzeskonform zu sein und die Vorschriften zu erfüllen.
- **Wirtschaftliche Gründe:** Manche Unternehmen investieren im Bereich Vielfalt, weil sie der Meinung sind, dass dies zu einem wirtschaftlichen Nutzen führt, der die Durchführungskosten übersteigt.

Meistens ist es nicht ein Grund, sondern eine Kombination aus mehreren Gründen, die Unternehmen bewegen, Maßnahmen im Bereich der Diversität zu ergreifen. Allerdings ist die Bedeutung der einzelnen Gründe von Unternehmen zu Unternehmen unterschiedlich. Unternehmen, die überwiegend aus ethischen Überlegungen in die Arbeit mit der Vielfalt investieren, können für sich wirtschaftliche Vorteile der Diversität erschließen. Andererseits kann es Betriebe geben, die den Prozess des Wandels zunächst als Reaktion auf den Erlass entsprechender Rechtsvorschriften beginnen, ihn dann aber weiter ausdehnen, sobald sie sich der potenziellen Vorteile der Diversity-Arbeit für die Rekrutierung qualifizierter Fachkräfte bewusst werden.

Entsprechend diesen vielfältigen Motiven kann man zwischen verschiedenen Entwicklungsstufen des Diversity-Konzeptes unterscheiden.

3.1.3 Entwicklungsstufen des Diversity-Konzeptes

In der Regel werden drei Stufen der Entwicklung des Diversity-Konzepts in Unternehmen definiert (vgl. Cox 1993; Köppel 2007; Wagner und Voigt 2007) – ◘ Abb. 3.1.

Stufe 1 impliziert die Idee der Gleichheit und richtet sich gegen jegliche **Diskriminierung**.

Stufe 3: **Unterschiede sind gut**
Nutzung der Potenziale,
gegenseitiges Lernen

Stufe 2: **Menschen sind verschieden**
Legitimation der Unterschiede,
Zielgruppenorientierung

Stufe 1: **Menschen sind gleich**
Keine Diskriminierung,
Gleichbehandlung

◻ **Abb. 3.1** Entwicklungsstufen des Diversity-Konzeptes

In den USA wurden dafür die Affirmative Action Programme (AAP) staatlich gestützt und aus Fairnessgründen vermehrt Mitglieder von „Identitätsgruppen" wie Frauen, Schwarze und Behinderte eingestellt. Es ging darum, die Mitarbeiterschaft aus moralischen Gründen vielfältiger zu machen, nicht aber die Organisation in ihrer Arbeitsweise von den Unterschieden lernen zu lassen. In Deutschland wurde 2006 aus ähnlichen Gründen das Allgemeine Gleichbehandlungsgesetz (AGG) eingeführt (▶ Abschn. 3.2.2). Durch diese Einstellung zu Diversity entsteht in Unternehmen eine Grundideologie „jeder ist gleich", es werden Integration und Gleichheit der Mitarbeiter gefordert.

Auf der 2. Stufe kehrt sich das Bild um – die individuellen Unterschiede werden akzeptiert (**Legitimation**).

Hier geht es um Differenzierung von Kundschaften und Belegschaften nach bestimmten Merkmalen (Herkunft, Alter, Geschlecht etc.). Einzelne Gruppen werden als Zielgruppen betrachtet und angesprochen, z. B. Seniorenmarkt, Frauen und ethnische Communities als Marktsegmente. Die interne Vielfalt der Belegschaft wird ebenfalls gemäß dem Zielgruppen-Gedanken beachtet und dafür genutzt, den Zugang zu einzelnen Marktsegmenten und Kundensegmenten zu erleichtern (Ethnomarketing, Kundenakquise und -service).

Die 3. Stufe – **Lernen und Effektivität** – deutet einen Paradigmenwechsel an und betont die Wertschätzung der Vielfalt („Unterschiede sind gut").

Vermehrt finden sich Unternehmen und Organisationen, die gezielt Mitarbeiter mit vielfältigem Identitätshintergrund, Kompetenzen und professioneller Ausrichtung einstellen. Diversität wird als Ressource für das ganze Unternehmen genutzt. Die spezifischen Erfahrungen heterogener Belegschaft werden aufgenommen, wertgeschätzt und verarbeitet. Markstrategien werden aufgrund von deren Erfahrungen gezielt hinterfragt, Produkte neu konzipiert oder angepasst, Abläufe und Strukturen optimiert. Durch einen intensiven Wissensaustausch wird die Kreativität gesteigert und der Weg zu organisationalem Lernen eingeleitet.

Der bekannte amerikanische Theoretiker des Diversity Managements Taylor Cox (1993, S. 229) bezeichnet die 3. Entwicklungsstufe als Idealbild des Diversity-Ansatzes in Unternehmen. Diese Organisationsform besitzt nach Cox folgende Merkmale: Wertschätzung, Förderung und Nutzung von Unterschieden; Pluralismus; strukturelle Integration aller Organisationsmitglieder in informelle Netzwerke; keine Vorurteile und Diskriminierungen in personalpolitischen Maßnahmen; konstruktiver Umgang mit Konflikten zwischen unterschiedlichen Gruppen und proaktives Diversity Management.

Um dieses Idealbild des Diversity Managements zu realisieren, bedarf es vielfältiger Rahmenbedingungen, darunter gesetzlicher und politischer Regelungen und freiwilliger Initiativen von Unternehmen und Organisationen.

3.2 Gesetzliche und politische Rahmenbedingungen für Diversity Management in Deutschland

3.2.1 Gleichbehandlung im Grundgesetz

Der Begriff „Diversity" steht im Kontext verbindlicher gesetzlicher Rahmenbedingungen. Im Grundgesetz (GG) der BRD, Artikel 3, wird der Grundsatz der Gleichbehandlung postuliert, allerdings nur für das Handeln des Staates. Im Verhältnis der Bürger untereinander ist dieser Grundsatz, wie alle Normen des öffentlichen Rechts, grundsätzlich nicht anwendbar.

Artikel 3 des Grundgesetzes lautet:

» (1) Alle Menschen sind vor dem Gesetz gleich.

» (2) Männer und Frauen sind gleichberechtigt. Der Staat fördert die tatsächliche Durchsetzung der Gleichberechtigung von Frauen und Männern und wirkt auf die Beseitigung bestehender Nachteile hin.

» (3) Niemand darf wegen seines Geschlechtes, seiner Abstammung, seiner Rasse, seiner Sprache, seiner Heimat und Herkunft, seines Glaubens, seiner religiösen oder politischen Anschauungen benachteiligt oder bevorzugt werden. Niemand darf wegen seiner Behinderung benachteiligt werden.

Das Grundgesetz bildet die Basis für weitere gesetzliche und unternehmerische Maßnahmen im Umgang mit der Diversität.

3.2.2 Allgemeines Gleichbehandlungsgesetz (AGG)

Seit 2006 ist das Allgemeine Gleichbehandlungsgesetz (AGG) in Kraft, umgangssprachlich auch **Antidiskriminierungsgesetz** genannt. Die durch das Gesetz geschützten Personen erhalten Rechtsansprüche gegenüber Arbeitgebern und Privaten, wenn diese ihnen gegenüber gegen die gesetzlichen Diskriminierungsverbote verstoßen.

Das Paragraph 1 des AGG lautet:

» Ziel des Gesetzes ist, Benachteiligungen aus Gründen der Rasse oder wegen der ethnischen Herkunft, des Geschlechts, der Religion oder Weltanschauung, einer Behinderung, des Alters oder der sexuellen Identität zu verhindern oder zu beseitigen.

Das Allgemeine Gleichbehandlungsgesetz gilt in seinem arbeitsrechtlichen Teil (§§ 6–18) für Arbeitnehmer(innen) und Auszubildende der Privatwirtschaft, aber auch für Stellenbewerber(innen). Das Allgemeine Gleichbehandlungsgesetz verbietet Benachteiligungen, soweit sie an eines der folgenden personenbezogenen Merkmale anknüpfen: Rasse und ethnische Herkunft, Geschlecht, Religion und Weltanschauung, Behinderung, Alter (jedes Lebensalter) sowie sexuelle Identität.

Sachlich bezieht sich das Gesetz (AGG § 2 Abs. 1) auf folgende Situationen:

- die Bedingungen beim Zugang zu Erwerbstätigkeit sowie beim beruflichen Aufstieg, einschließlich Auswahlkriterien und Einstellungsbedingungen;
- die Beschäftigungs- und Arbeitsbedingungen einschließlich Arbeitsentgelt und Entlassungsbedingungen;
- den Zugang zu Berufsberatung, Berufsbildung, Berufsausbildung, beruflicher Weiterbildung sowie Umschulung und praktischer Berufserfahrung;
- Mitgliedschaft und Mitwirkung in Gewerkschaften und Arbeitgebervereinigungen und Vereinigungen, deren Mitglieder einer bestimmten Berufsgruppe angehören;
- den Sozialschutz, einschließlich der sozialen Sicherheit und der Gesundheitsdienste;
- die sozialen Vergünstigungen;
- die Bildung;
- den Zugang zu und die Versorgung mit Gütern und Dienstleistungen, die der Öffentlichkeit zur Verfügung stehen, einschließlich von Wohnraum.

Die Besonderheit von AGG besteht darin, dass es als Schutzgesetz in den Privatrechtsverkehr eingreift und damit die Privatautonomie einschränkt. Nach Ansicht des Gesetzgebers ist dies notwendig, um den objektiv-rechtlichen Gleichbehandlungsauftrag des Grundgesetzes auch für das Verhalten der Bürger untereinander umzusetzen.

3.2.3 Quotenregelungen

Die Diversity-Dimension „Behinderung" ist die Einzige, für die es in Deutschland aktuell eine gesetzliche Regelung gibt: die Quote für die Beschäftigung von **Schwerbehinderten.** Das Sozialgesetzbuch IX (9) verpflichtet private und öffentliche Arbeitgeber, die mindestens über 20 Arbeitsplätze verfügen, wenigstens auf 5 Prozent dieser Arbeitsplätze schwerbehinderte Menschen zu beschäftigen. Arbeitgeber, die dieser Verpflichtung nicht nachkommen, haben eine Ausgleichsabgabe pro unbesetzten Pflichtplatz zu zahlen, die abhängig ist vom Grad der Erfüllung der Beschäftigungspflicht. Sie beträgt mindestens 115 Euro, bei einer Beschäftigungsquote von unter 2 % beläuft sie sich zum Beispiel auf 290 Euro (vgl. Bundesagentur für Arbeit 2012).

Eine Vielzahl von Unternehmen erreicht die geforderte Quote nicht. Das muss nicht zwangsläufig daran liegen, dass im Unternehmen zu wenig Menschen eine Behinderung haben. Gerade nicht sichtbare Behinderungen werden aus Angst vor Vorurteilen oder Benachteiligungen verschwiegen.

Diversity Management kann dabei helfen, eine Kultur zu etablieren, die genügend Vertrauen schafft, um seine Behinderung anzugeben. Für das Unternehmen bringt das den Vorteil, die mit einer Nichterfüllung der gesetzlichen Quote verbundenen finanziellen Abgaben zu verhindern.

In der Koalitionsvereinbarung der Bundesregierung vom Jahr 2013 wurden **Frauenquoten** in Führungspositionen festgelegt. Unter der Überschrift „Frauenquote/ Gleichstellung im Erwerbsleben" findet sich folgende Formulierung (Koalitionsvertrag 2013, S. 72):

» Wir wollen den Anteil weiblicher Führungskräfte in Deutschland erhöhen. Deshalb werden wir zu Beginn der 18. Wahlperiode des Deutschen Bundestages Geschlechterquoten in Vorständen und Aufsichtsräten in Unternehmen gesetzlich einführen. Aufsichtsräte von voll mitbestimmungspflichtigen und börsennotierten Unternehmen, die ab dem Jahr 2016 neu besetzt werden, sollen eine Geschlechterquote von mindestens 30 Prozent aufweisen.

» Wir werden eine Regelung erarbeiten, dass bei Nichterreichen dieser Quote die für das unterrepräsentierte Geschlecht vorgesehenen Stühle frei bleiben.

» Wir werden börsennotierte oder mitbestimmungspflichtige Unternehmen gesetzlich verpflichten, ab 2015 verbindliche Zielgrößen für die Erhöhung des Frauenanteils im Aufsichtsrat, Vorstand und in den obersten Management-Ebenen festzulegen und zu veröffentlichen und hierüber transparent zu berichten.

Mit dieser Regelung strebt die Bundesregierung die Chancengleichheit von qualifizierten Frauen und zugleich eine bessere Nutzung von Potenzialen von Frauen in
Wirtschaft und Gesellschaft an.

Beispiel: Frauenquote bei der Telekom

Als erstes DAX-30-Unternehmen führte die Deutsche Telekom eine Quotierung des Anteils
von Frauen bei Stellenbesetzungen und Managementprogrammen ein. Bis 2015 sollen
30 Prozent der oberen und mittleren Führungspositionen im Unternehmen mit Frauen
besetzt sein. Die Regelung gilt für alle Landesgesellschaften der Deutschen Telekom.

Der Vorstandsbeschluss zur Einführung der Frauenquote ist ein sichtbarer Ausdruck eines
Unternehmenskulturwandels. Um dieses Ziel zu erreichen, steuert das Unternehmen das
Programm zur Umsetzung der Frauenquote systematisch durch Zielwerte entlang der gesamten Talentpipeline. In Entwicklungsprogrammen für Führungskräfte müssen künftig
beispielsweise mindestens 30 Prozent Frauen vertreten sein.

Darüber hinaus wurde eine konzernweit geltende Einstellungsrichtlinie eingeführt, wonach
bei der Besetzung von Toppositionen mindestens 30 Prozent Frauen in die engere Bewer-
berauswahl genommen werden muss. Damit sind Personalberatungen und Headhunter
verpflichtet, verstärkt Frauen vorzuschlagen (vgl. Telekom 2014).

3.2.4 Praktische Umsetzung der Regelungen

Die gesetzlichen Regelungen des Grundgesetzes und des Allgemeinen Gleichbehand-
lungsgesetzes geben einen rechtlichen Rahmen vor, bedeuten jedoch nicht automatisch eine Gleichbehandlung in jedem Einzelfall. Das liegt daran, dass die (Personal)
Entscheidungen in der Realität von einzelnen Personen getroffen werden, die von
Stereotypen und Vorurteilen in den Köpfen geleitet werden (können). Oft lassen Gesetze genug Freiraum für die konkreten Einzelentscheidungen und Begründungen.

Trotz gegebener Heterogenität der deutschen Bevölkerung und vorliegender Gesetze und Regelungen zur Antidiskriminierung herrscht in Deutschland noch ein
starker Nachholbedarf hinsichtlich der Chancengleichheit und Wertschätzung der
Vielfalt. Deswegen wird in jüngster Zeit verstärkt über die Integration von Menschen
mit Migrationshintergrund (unter dem Motto „Deutschland ist ein Einwanderungs-
land"), den demografischen Wandel und seine Konsequenzen sowie die Vereinbarkeit
von Familie und Beruf diskutiert.

Um eine reale Chancengleichheit am Arbeitsplatz sicherzustellen, sind darüber
hinaus spezielle Maßnahmen in der Einstellungs- und Personalpolitik einzelner Unternehmen erforderlich.

» Während Rechtsvorschriften ihre Wirkung entfalten mögen, wenn es um das Verbot
nicht hinnehmbaren Verhaltens geht, so sind sie weniger effektiv, wenn neue

Maßnahmen im Personalbereich entwickelt werden sollen, wie sie zur Nutzung der Vielfalt einer Belegschaft benötigt werden. Aufgrund ihrer besonderen Art ist es unmöglich, in Rechtsvorschriften die Details solcher Maßnahmen für alle Unternehmen verbindlich vorzuschreiben. (Europäische Kommission 2003, S. 3)

Rechtliche Vorgaben wie die Antidiskriminierungsgesetzgebung sind folglich nicht ausreichend, sie sollten durch das freiwillige Engagement von Unternehmen, basierend auf ökonomischen Überlegungen, unterstützt werden. Ein Beispiel dafür bildet die Unternehmensinitiative „Charta der Vielfalt".

3.2.5   Initiative „Charta der Vielfalt"

Die **Charta der Vielfalt** ist eine Unternehmensinitiative zur Förderung von Vielfalt in Unternehmen und Institutionen. Sie wurde 2006 von Daimler, der BP Europa SE (ehemals Deutsche BP), der Deutschen Bank und der Deutschen Telekom ins Leben gerufen.

Mittlerweile haben mehr als 1800 Unternehmen und öffentliche Einrichtungen (Stand Mai 2014) die Charta der Vielfalt unterzeichnet und kontinuierlich kommen neue Unterzeichner hinzu. Große Unternehmen, die für einen produktiven Umgang mit der Vielfalt in ihren Organisationen eintreten und für vorurteilsfreie Arbeitsumfelder stehen, sollen dabei als Vorbild dienen (vgl. Charta der Vielfalt 2014).

Die Initiative will die Anerkennung, Wertschätzung und Einbeziehung von Vielfalt in der Unternehmenskultur in Deutschland voranbringen. Organisationen sollen ein Arbeitsumfeld schaffen, das frei von Vorurteilen ist. Alle Mitarbeiterinnen und Mitarbeiter sollen Wertschätzung erfahren – unabhängig von Geschlecht, Nationalität, ethnischer Herkunft, Religion oder Weltanschauung, Behinderung, Alter, sexueller Orientierung und Identität.

Beispiel: Auszug aus der Charta der Vielfalt

„Im Rahmen dieser Charta werden wir

1. eine Organisationskultur pflegen, die von gegenseitigem Respekt und Wertschätzung jeder und jedes Einzelnen geprägt ist. Wir schaffen die Voraussetzungen dafür, dass Vorgesetzte wie Mitarbeiterinnen und Mitarbeiter diese Werte erkennen, teilen und leben. Dabei kommt den Führungskräften bzw. Vorgesetzten eine besondere Verpflichtung zu.

2. unsere Personalprozesse überprüfen und sicherstellen, dass diese den vielfältigen Fähigkeiten und Talenten aller Mitarbeiterinnen und Mitarbeiter sowie unserem Leistungsanspruch gerecht werden.

3. die Vielfalt der Gesellschaft innerhalb und außerhalb der Organisation anerkennen, die darin liegenden Potenziale wertschätzen und für das Unternehmen oder die Institution gewinnbringend einsetzen.

4. die Umsetzung der Charta zum Thema des internen und externen Dialogs machen.
5. über unsere Aktivitäten und den Fortschritt bei der Förderung der Vielfalt und Wertschätzung jährlich öffentlich Auskunft geben.
6. unsere Mitarbeiterinnen und Mitarbeiter über Diversity informieren und sie bei der Umsetzung der Charta einbeziehen."
(Vgl. Charta der Vielfalt 2014)

Für eine praktische Verwirklichung der Gleichstellung und Gleichbehandlung aller Beschäftigten brauchen Unternehmen und Organisationen spezielle Strukturen und Mechanismen für die praktische Arbeit mit der Vielfalt. Sie brauchen ein ganzheitliches Diversity Management.

3.3 Status quo des Diversity Managements in deutschen Unternehmen

3.3.1 DAX-Unternehmen als Vorreiter in Sachen Diversität

Als Strategie findet Diversity Management vor allem in großen Unternehmen eine immer weitere Verbreitung. Dabei geht es sowohl um die Chancengleichheit aller Beschäftigten als auch um die Wertschätzung und Nutzung der Vielfalt als Erfolgs- und Wettbewerbsfaktor.

Eine vielfältige Belegschaft bietet eine breite Palette an Fähigkeiten und Erfahrungen, vor allem, wenn es darum geht, verschiedene Kundenkreise zu erreichen, beispielsweise bei internationalen und interkulturellen Aktivitäten. Deswegen ist es nachvollziehbar, dass international agierende Konzerne zu den Vorreitern in Sachen Diversität zählen.

In einem jährlichen Benchmark vergleicht Synergy Consult den Status des Diversity Managements in den **DAX-30-Unternehmen**. Die letzte Studie (2013) hat einen weiteren Fortschritt bei der Verankerung des Diversity Management in den Großunternehmen gezeigt. In 25 von 30 DAX-Unternehmen gibt es Diversity-Manager (2011:23), 23 Unternehmen haben die „Charta der Vielfalt" unterzeichnet und sich damit öffentlich zum Thema Diversity verpflichtet (2011:22) (vgl. Köppel 2013, S. 56).

Mit ihren Diversity-Strategien verfolgen die Großunternehmen vielfältige Ziele, darunter Förderung der Vielfalt, Schaffung einer wertschätzenden Unternehmenskultur, Frauenförderung oder auch wirtschaftliche Ziele. Die Reihenfolge der relevanten Diversity-Dimensionen sieht wie folgt aus: Geschlecht/Gender, Kultur/Nationalität, Alter. Gender als höchste Priorität geht vor allem auf die gesellschaftliche Diskussion über die Frauenquoten zurück, der hohe Stellenwert der Dimension Kultur/Nationalität kann man mit stark ausgeprägten internationalen Aktivitäten der Großkonzerne begründen. Und die Dimension Alter ist für alle Unternehmen vor dem Hintergrund des demografischen Wandels und des Fachkräftemangels eine wichtige Herausforderung.

Bei der Dimension Gender, speziell Frauen im Top-Management, sind die bedeutendsten Erfolge der vergangenen Jahre zu berichten: Im Oktober 2011 arbeiteten lediglich sieben Damen in den DAX-30-Vorständen, im Sommer 2012 bereits zwölf, Anfang 2013 fünfzehn. Allerdings sind es 15 von insgesamt über 180 Vorstandsmitgliedern (vgl. Köppel 2013, S. 57).

3.3.2 **Stand des Diversity Managements in deutschen Unternehmen**

Große Unternehmen wie Daimler, die Deutsche Bank, Ford oder Lufthansa befassen sich bereits seit vielen Jahren mit dem Diversity Management, haben spezielle Verantwortliche oder sogar Abteilungen, die für die Umsetzung der Diversity-Maßnahmen verantwortlich sind. Aber wie weit ist Diversity Management in anderen, insbesondere in mittelständischen und kleinen Unternehmen etabliert?

Eine aktuelle Umfrage der Unternehmensberatung Deloitte und der Universität zu Köln zum Thema Diversity Management in deutschen Unternehmen zeigt, basierend auf 285 ausgefüllten Fragebögen, die Schwerpunkte des Diversity Managements in Deutschland. Die Untersuchung fokussiert sich auf die Bedeutung von Diversity Management aus Unternehmens- und Mitarbeitersicht, die organisatorische Aufhängung und Anbindung des Themas innerhalb der Personal- oder Unternehmenspolitik sowie auf den Nutzungsgrad der Instrumente zur Förderung von Gender, Age (Alter) und Ethnic (ethnische Herkunft) Diversity (vgl. Landwehr 2013, S. 23):

- Lediglich 46 Prozent der befragten Personalverantwortlichen bezeichnen die Bedeutung von Diversity Management als „groß" oder „sehr groß", allerdings erwarten 92 Prozent seinen steigenden Stellenwert.
- Nur 32 Prozent der befragten Unternehmen haben einen Diversity-Beauftragten, der mehr als die gesetzlich geregelte Rolle des Gleichstellungsbeauftragten einnimmt.
- Bei 57 Prozent existiert eine Verankerung in der Personalstrategie, die Anbindung an die Unternehmensstrategie gelingt allerdings nur bei 38 Prozent.
- 75 Prozent der befragten Unternehmen haben Ziele zu Gender-Diversity formuliert, 45 Prozent – zu Age-Diversity und 38 Prozent – zu Ethnic-Diversity.

Diese Statistiken belegen, dass Diversity Management in der Masse der deutschen Unternehmen noch nicht wirklich zum Einsatz kommt. Durch die Verschärfung des Fachkräftemangels und aufgrund der erwarteten steigenden Bedeutung der Diversität in den nächsten Jahren, wird sich die Situation ändern.

Lediglich ein Drittel der deutschen Unternehmen hat eine(n) Diversity-Beauftragte(n) etabliert, um die Arbeit mit der Vielfalt zu institutionalisieren. Dabei ist die organisatorische Verankerung sehr wichtig, um eine nachhaltige Wirkung zu erzielen. Die meisten Unternehmen verbinden Diversity-Aktivitäten mit der Personalarbeit, andere – direkt mit der Unternehmensstrategie. Letzteres ist für ein langfristiges ganzheitliches Diversity Management günstiger, da die Diversity-Aktivitäten über den Personalbereich hinausgehen (▶ Abschn. 4.2).

Der ausgeprägte Fokus der Arbeit mit der Vielfalt liegt aktuell auf der Dimension **Gender**, was bei der aktuellen gesellschaftlichen Diskussion über die Frauenquote verständlich ist. Die Dimension Alter bildet die zweite Priorität und ist durch die demografischen Veränderungen begründbar. Den dritten Platz nimmt die Dimension ethnische Herkunft ein, was den hohen Anteil von Menschen mit Migrationshintergrund in der deutschen Gesellschaft widerspiegelt. Alle diese Dimensionen werden in der Zukunft weiter an Bedeutung gewinnen.

Bemerkenswert sind die Differenzen zwischen Erwartungen von Arbeitgebern und Arbeitnehmern in Bezug auf Diversity Management, die in der Studie der Unternehmensberatung Deloitte identifiziert worden sind: Während Unternehmen Diversity Management eher zur Förderung von Talenten einsetzen und die persönliche Bindung (etwa von Frauen) erhöhen wollen, stehen bei Mitarbeitenden meistens ein positives Diversity-Klima (ohne Diskriminierung und mit Respekt gegenüber allen Gruppen), eine höhere Einbettung und mehr Anerkennung im Unternehmen sowie eine bessere Work-Life-Balance im Vordergrund (vgl. Landwehr 2013, S. 24).

Diese Differenzen spiegeln sich auch in den Prioritäten von Unternehmen und Beschäftigten bei der Priorisierung von Zielen des Diversity Management (▶ Kap. 2). Für Unternehmen stehen die wirtschaftlichen Ziele im Vordergrund: höhere Wettbewerbsfähigkeit und Kundenzufriedenheit, dem Fachkräftemangel vorbeugen. Für die Belegschaften sind in erster Linie die sozialen Ziele wie gleiche Chancen und Vermeidung von Diskriminierung wichtig.

3.3.3 Diversity Management in KMU

In den meisten kleinen und mittelständischen Unternehmen (**KMU**) ist der Begriff Diversity immer noch unbekannt und oft auch – wie viele andere theoretische Konzepte – eher negativ belegt. Darüber hinaus gilt das Diversity-Konzept als zu komplex und zu teuer. Es sind eher größere mittelständische Unternehmen, die sich für das Thema interessieren und die ersten Versuche im Umgang mit der Vielfalt wagen.

Allerdings ist die Hälfte der aktuell 1800 Unterzeichner der „Charta der Vielfalt" KMU (ca. 900 Unternehmen, darunter 29 Prozent Kleinstunternehmen, 21 Prozent kleine und mittelständische Unternehmen). Als Gründe für dieses außergewöhnliche Engagement auf dem Gebiet Diversity dienen entweder ausgeprägte internationale

Aktivitäten des Unternehmens oder eine positive persönliche Einstellung der Geschäftsführung gegenüber dem Thema Diversity.

Beispiel: Geschätzte Vielfalt bei Teckentrup

Das Unternehmen Teckentrup wurde 1932 gegründet und zählt mittlerweile zu den größten Herstellern von Türen und Toren in Europa. Standorte in Deutschland sowie Vertretungen und Partner in Europa und Übersee schaffen eine flächendeckende Infrastruktur und erfüllen alle Ansprüche an Flexibilität und Kundennähe. Bei der Teckentrup GmbH & Co. KG sind rund 850 qualifizierte Mitarbeiter(innen) mit verschiedenen Hintergründen beschäftigt. Als eines der ersten Unternehmen in Ostwestfalen hat Teckentrup 2008 die Charta der Vielfalt unterschrieben. Der Geschäftsführer des Unternehmens Kai Teckentrup lebt seit einigen Jahren den Diversity-Gedanken vor, entwickelt innovative Ideen für eine bessere Nutzung der Potenziale von Frauen, Beschäftigten mit Migrationshintergrund und Behinderten und bezeichnet Diversität als Quelle für mehr Effizienz und Wettbewerbsfähigkeit (vgl. Teckentrup 2014).

Diese auf den ersten Blick hohe Zahl – 900 KMU, welche die Charta der Vielfalt unterzeichnet haben – ist jedoch in Relation zu der Gesamtzahl von KMU in Deutschland (ca. 3,5 Mio.) eher gering. Nur jedes vierte KMU setzt sich aktiv mit der Vielfalt auseinander.

Nach Meinung des Diversity-Experten Andreas Merx (2013, S. 9) steht bei der überwiegenden Mehrheit der KMU die Entwicklung und Anwendung von pragmatischen, lösungsorientierten und weniger kostenintensiven vielfaltsorientierten Personalstrategien im Vordergrund, die ohne hohen Ressourcenaufwand umzusetzen sind. Gefragt sind einfache Ansätze und Instrumente, die günstig und erfolgversprechend sind.

Da die Entwicklung von eigenen Konzepten für die meisten KMU zu aufwändig und zu komplex ist, können dabei Unternehmensverbände und Netzwerke eine wichtige Rolle spielen, um solche Ansätze zu entwickeln und gemeinsam zu implementieren.

Hintergrund: Unterstützung der KMU durch Mittlerorganisationen

Bei den Mittlerorganisationen wie IHKs, Handwerkskammern, den Sozialpartnern oder kommunalen Wirtschaftsförderungen liegt mittlerweile eine Vielzahl an Angeboten, Methoden und Erfahrungsbeispielen vor, die die Umsetzung von Diversity Management betreffen. Der Begriff Diversity wird in diesem Zusammenhang allerdings nur selten verwendet, die Aktivitäten laufen im Kontext Demografie, Nachwuchskräfte oder Personalmaßnahmen. Im Fokus der Angebote stehen meist konkrete Fragestellungen und Herausforderungen der klein- und mittelständischen Betriebe, vor allem der Fachkräftebedarf im Kontext des demografischen Wandels (vgl. Merx 2013, S. 9).

Da die KMU in der Zukunft genauso wie die Großunternehmen mit einem verschärften Fachkräftemangel und mit zunehmender Vielfalt konfrontiert werden, erscheint es als unausweichlich, dass sie sich verstärkt mit dem Diversity Management beschäftigen müssen, um genug Fachkräfte zu gewinnen und zu halten und langfristig wettbewerbsfähig zu sein.

Insbesondere für kleine und mittelständische Unternehmen ist es wichtig, sich die Best Practices des Diversity Managements bei den Vorreitern (▶ Kap. 4) anzuschauen und individuelle tragbare Ansätze zu entwickeln.

Als Argument für eine bewusste Beschäftigung mit der Vielfalt in KMU können die Vorteile von Diversity dienen. Unternehmen mit gemischten Belegschaften sind erfolgreicher und effizienter bei der Personalrekrutierung, Kundenorientierung und internationalen Aktivitäten, profitieren vom Imagegewinn, mehr Kreativität und Innovation (▶ Kap. 6).

3.4 Lern-Kontrolle

Kurz und bündig

Diversity Management auf dem Vormarsch. Als ein Konzept für den bewussten Umgang mit der Vielfalt in der Gesellschaft oder in Unternehmen ist Diversity Management in den USA entstanden und später nach Europa und Deutschland gekommen. Der Europäische Vertrag und die Richtlinien zur Antidiskriminierung in der EU, das Grundgesetz und das Allgemeine Gleichbehandlungsgesetz (AGG) sowie einige Quotenregelungen in Deutschland bilden den formellen Rahmen für Diversity Management. Europäische Unternehmen beschäftigen sich mit Diversity aus ethischen, rechtlichen und wirtschaftlichen Gründen. Neben den gesetzlichen Regelungen und politischen Initiativen braucht Diversity Management eine aktive Mitwirkung von Unternehmen und Organisationen. Ein Beispiel dafür bildet die Unternehmensinitiative „Charta der Vielfalt", die sich für die Chancengleichheit aller Beschäftigten einsetzt, aber auch auf die Vorteile der Diversität setzt.

Die Entwicklung des Diversity Management weist mehrere Stufen auf: von der Antidiskriminierung (alle Menschen sind gleich) über Legitimation der Unterschiede (Menschen sind verschieden) zu Integration und Lernen (Unterschiede sind gut, man kann von einander lernen). Der Stand des Diversity Managements in Unternehmen in Deutschland variiert je nach Größe und Tätigkeitsbereich des Unternehmens. Die international agierenden Konzerne (die Dax-30-Unternehmen) können als Vorreiter in Sachen Diversität bezeichnet werden. Im Gesamtüberblick der deutschen Unternehmen ergibt sich ein gemischtes Bild. Die kleinen und mittelständischen Unternehmen praktizieren Diversity Management seltener, gehen oft intuitiv vor und verzichten auf den Begriff Diversity. Für die KMU sind Unternehmensverbände und Netzwerke wichtig, die Diversity-Gedanken vertreten und praktische Ansätze für seine Implementierung ausarbeiten.

Allerdings ist es für die Zukunft für alle Unternehmen unentbehrlich, sich bewusst mit der Diversität zu beschäftigen, um dem zunehmenden Fachkräftemangel vorzubeugen und langfristig wettbewerbsfähig zu sein.

② Let's check

1. Wie ist das Konzept Diversity Management entstanden und wie kam es nach Deutschland?
2. Welche gesetzlichen Regelungen gibt es in der EU und BRD für den Umgang mit der Diversität?
3. Warum reichen Gesetze und Quotenregelungen nicht aus, um eine tatsächliche Chancengleichheit für alle Menschen zu garantieren?
4. Welche Ziele verfolgt die Unternehmensinitiative „Charta der Vielfalt"?
5. Welche Dimensionen der Diversität sind für die deutschen Unternehmen aktuell am wichtigsten?
6. Worin bestehen die Unterschiede im Diversity Management zwischen den Großunternehmen und KMU?

② Vernetzende Aufgaben

Überlegen Sie, welche Vorteile können Unternehmen und Beschäftigte von Diversity Management erwarten? Welche Nachteile können sich für die Mitarbeitenden ergeben?

① Lesen und Vertiefen

- Franken, S. (2011). Diversitybasierte Unternehmensführung, In: *SEM RADAR (Zeitschrift für Systemdenken und Entscheidungsfindung im Management)1*, 55–84. Berlin: wvb.
  In diesem Artikel werden verschiedene Entwicklungsstufen und Strategien des Diversity Managements erläutert und analysiert sowie die Vorteile und Auswirkungen der Diversität auf Unternehmen und Organisationen detailliert beschrieben.
- Landwehr, J. (2013). Diversity-Management: Was Mitarbeiter wirklich vom Unternehmen wollen. In: Wirtschaftspsychologie aktuell 4, 23–26.
  In diesem Artikel können Sie sich über die Ergebnisse einer aktuellen Studie zu Diversity Management in Deutschland und über die Diskrepanzen zwischen den Erwartungen und Meinungen der Unternehmen und der Beschäftigten hinsichtlich der Diversity-Aktivitäten informieren. Warum kommt es zu diesen Unterschieden? Und was können Unternehmen tun, um die Erwartungen der Beschäftigten optimal umzusetzen?

Literatur

Bundesagentur für Arbeit (2012). *Schwerbehindertenrecht*. http://www.arbeitsagentur.de/web/content/DE/Unternehmen/Arbeitskräftebedarf/Beschaeftigung/SchwerbehinderteMenschen/index.htm. Zugegriffen: 19. Mai 2014

Literatur

Charta der Vielfalt (2014). *Über die Charta*. http://www.charta-der-vielfalt.de/charta-der-vielfalt/ueber-die-charta.html. Zugegriffen: 27. April 2014

Cox, T. H. (1993). *Cultural Diversity in Organization: Theory Research and Practice*. San Francisco: Berrett-Koehler Publishing.

Deloitte Consulting (2013). *Talent & Diversity Management in deutschen Unternehmen*. http://www.deloitte.com/assets/Dcom-Germany/Local%20Assets/Documents/01_Consulting/2013/C-HCAS-Talent-Diversity-Studie-2013.pdf. Zugegriffen: 14. Mai 2014

Europäische Kommission (EK) (2003). *Methoden und Indikatoren für die Messung der Wirtschaftlichkeit von Maßnahmen im Zusammenhang mit der personellen Vielfalt in Unternehmen. Abschlussbericht*. http://ec.europa.eu/employment-social/fundamental_rights/pdf/arc/stud/ cbfullrep_de.pdf. Zugegriffen: 20. April 2014

Koalitionsvertrag (2013). *Deutschlands Zukunft gestalten. Koalitionsvertrag zwischen CDU, CSU und SPD*. https://www.cdu.de/sites/default/files/media/dokumente/koalitionsvertrag.pdf. Zugegriffen: 19. Mai 2014

Köppel, P. (2007). *Konflikte und Synergien in multikulturellen Teams*. Wiesbaden: Deutscher Universitäts-Verlag.

Köppel, P. (2013). Viel mehr Vielfalt. *Personalwirtschaft, 40*(4), 56–58.

Landwehr, J. (2013). Diversity-Management: Was Mitarbeiter wirklich vom Unternehmen wollen. In: *Wirtschaftspsychologie aktuell*, (4), 23–26.

Merx, A. (2013). *Demographischen Wandel gestalten, Fachkräftebedarf sichern – vielfaltorientierte Personalstrategien in kleinen und mittelständischen Unternehmen (KMU)*. Arbeitspapier, Bd. 1/2013. München: IQ Fachstelle Diversity Management.

Teckentrup (2014). *Vielfalt als Chance*. http://www.teckentrup.biz/de/unternehmen/charta-der-vielfalt.html. Zugegriffen: 26. Mai 2014

Telekom (2014). *Frauenquote: Mehr Frauen an die Spitze*. http://www.telekom.com/konzern/ mitarbeiter/diversity-frauenquote/5186. Zugegriffen: 01. Juni 2014

Wagner, D., & Voigt, B.-F. (Hrsg.). (2007). *Diversity-Management als Leitbild von Personalpolitik*. Wiesbaden: Deutscher Universitäts-Verlag.

Diversity Management als strategisches Konzept der Unternehmensführung

Swetlana Franken

S. Franken, *Personal: Diversity Management,* Studienwissen kompakt,
DOI 10.1007/978-3-658-06797-7_4, © Springer Fachmedien Wiesbaden 2015

Lern-Agenda

Wie Sie bereits erfahren haben, werden Unternehmen und Organisationen mit der Vielfalt der Märkte, der Kunden, der Bewerber und der Belegschaft konfrontiert. Vielfalt kann Probleme und Herausforderungen bedeuten, z. B. bei der Umsetzung der Chancengleichheit oder in gemischten Arbeitsgruppen. Andererseits kann Diversität in bestimmten Bereichen, insbesondere an den Schnittstellen zu heterogenen Kunden und Märkten, vorteilhaft sein und Wettbewerbsvorteile bringen.

Die Entscheidung über den Umgang mit der Vielfalt ist eine strategische Entscheidung jedes Unternehmens, die sein Handeln und seinen Erfolg langfristig beeinflusst. Welche Strategien können dabei genutzt werden und welche sind in deutschen Unternehmen verbreitet? Wie kann Diversity Management als Strategie implementiert werden? Welche organisatorischen Formen und welche Instrumente sind geeignet? Die Antworten auf diese Fragen mit ausgewählten Best-Practice-Beispielen finden Sie in diesem Kapitel. Die Struktur des Kapitels ist in der Tabelle visualisiert.

Diversity Management als strategisches Konzept der Unternehmensführung

– Überblick über strategische Konzepte im Umgang mit der Diversität. Reaktive und proaktive Strategien. Verbreitung der Strategien in der Unternehmenspraxis.	Strategien im Umgang mit Diversität	▶ Abschn. 4.1
– Notwendigkeit einer ganzheitlichen Vorgehensweise. Bestandteile des systemischen Diversity Managements. Organisatorische Verankerung. Arbeitsschritte bei der Einführung.	Implementierung des Diversity Managements	▶ Abschn. 4.2
– Individuelle Ausrichtung der Diversity-Instrumente für jedes einzelne Unternehmen. Verbreitung der Instrumente in der Unternehmenspraxis.	Instrumente des Diversity Managements	▶ Abschn. 4.3
– Best-Practice-Beispiele aus den Vorreiter-Unternehmen auf dem Gebiet Diversität.	Best-Practice-Beispiele	▶ Abschn. 4.4

4.1   Strategien im Umgang mit Diversität

4.1.1   Strategische Konzepte im Überblick

Diversity Management steht für Programme und Maßnahmen für einen bewussten Umgang mit Vielfalt und gewinnt durch gesellschaftliche Entwicklungen wie Globa-

◘ **Tab. 4.1** Strategische Diversity-Konzepte im Überblick	
Reaktive (vermeidende) Strategien	**Proaktive (wertschätzende) Strategien**
Resistance-Strategie Colour-blind-Strategie	Fairness-Strategie (Fairness) Marktzugangs-Legitimitäts-Strategie (Access) Lern-Effektivitäts-Strategie (Integration/Learning)

lisierung, Internationalisierung und Migration zunehmend an Bedeutung. Die Vorgehensweisen und Instrumente für den Umgang mit Diversität variieren von Unternehmen zu Unternehmen.

Einige Unternehmen legen den Schwerpunkt auf die Bewältigung der durch die Heterogenität entstehen Probleme, andere sehen in der Vielfalt eher einen Vorteil und Wettbewerbsfaktor.

Nach Gröschke und Podsiadlowski (2013) kann man zwischen zwei Arten von Strategien im Umgang mit Vielfalt unterscheiden (◘ Tab. 4.1):
1. einem reaktiven, vermeidenden und
2. einem proaktiven, wertschätzenden Management von Diversität.

Im Fall von **reaktiven Strategien** können in einen Resistance-Ansatz und einen Colour-blind-Ansatz unterschieden werden. Organisationen mit einer **Resistance-Strategie** streben nach Homogenität und sind gegenüber Diversität resistent, sie suchen Gleichheit und Ähnlichkeit der Organisationsmitglieder und empfinden die Auseinandersetzung mit „dem anderen" und „dem Fremden" als Bedrohung und Kostenfaktor. Diversität wird als wenig wertvoll betrachtet und Diversity Management ist nicht implementiert. In Organisationen mit einer **Colour-blind-Strategie** werden Diversität und kulturelle Unterschiede nivelliert. Es wird davon ausgegangen, dass Menschen gleich sind und anhand ihrer Kompetenzen beurteilt werden (sollten). Unternehmen fokussieren sich auf Kompetenzen und Qualifikationen. Diversität wird weder anerkannt noch verleugnet (vgl. Gröschke und Podsiadlowski 2013, S. 28).

Proaktive Strategien verstehen Diversität als **Business Case**. Organisationen folgen entweder einem Fairness-Ansatz (Fairness), einem Marktzugangs-Legitimitäts-Ansatz (Access) oder einem Lern- Effektivitäts-Ansatz (Integration/Learning) (vgl. Entwicklungsstufen des Diversity Managements ▶ Abschn. 3.1.3).

In Organisationen mit einer **Fairness-Strategie** wird versucht, Chancengleichheit herzustellen und Diskriminierung zu vermeiden. Es bedarf spezifischer Maßnahmen, um einzelne Minderheiten in der Belegschaft zu unterstützen und gleichberechtigt an unternehmerischen Prozessen (wie Aufstieg, Beförderung) zu beteiligen. Diversität wird vor allem als Kostenfaktor betrachtet. Die Gleichbehandlung wird aufgrund gesetzlicher Anforderungen (Allgemeines Gleichbehandlungsgesetz) umgesetzt, ohne spezifische Vorteile durch Diversität zu erwarten.

Organisationen mit einer **Marktzugangs-Legitimitäts-Strategie** erkennen Diversität als wertvolle Ressource an, um Marktzugangsvorteile über eine heterogene Belegschaft zu generieren. Diversität von Mitarbeitern wird als Potenzial verstanden, neue Zielgruppen und Marktsegmente auszuschöpfen und Kundenbedarfe zu erkennen. Es wird nicht zwingend in Diversitätsmaßnahmen investiert, da die Vielfalt als gegebenes Merkmal aufgefasst wird, die zur Generierung von Wettbewerbsvorteilen genutzt werden kann.

In Organisationen mit einer **Lern-Effektivitäts-Strategie** wird Diversität als strategische Ressource gesehen, die unternehmensinterne Lernprozesse unterstützt und zu Synergien, Innovationen und höherer Mitarbeiterbindung führen kann. Es wird die Notwendigkeit betont, die Vielfalt in der Belegschaft als Wertschöpfungsbeitrag zur Unternehmensleistung zu betrachten und durch geeignete Maßnahmen und Instrumente zu unterstützen.

4.1.2 Verbreitung von Strategien in der Praxis

Im Jahr 2013 wurden in einer Studie unter Leitung von Prof. Podsiadlowski 75 deutsche Unternehmen zum Thema Diversity-Strategie befragt. Die Ergebnisse der Befragung zeigen, welche Strategien des Diversity Managements in Deutschland am häufigsten praktiziert werden (vgl. Gröschke und Podsiadlowski 2013, S. 30) – ◻ Abb. 4.1.

Die Abbildung zeigt, dass die meisten deutschen Unternehmen immer noch auf reaktive Strategien setzen und Vielfalt vorrangig als Problem betrachten.

Am häufigsten kommt die Colour-blind-Strategie vor (Rating 3,48 auf einer Skala von 1 bis 5), bei der die Diversität der Beschäftigten nivelliert wird. Der aktuelle Fokus liegt in den befragten Unternehmen eher auf Kompetenzen und Qualifikationen, als auf der Förderung und Unterstützung der Diversität. Allerdings weist Integration/Learning als proaktive Strategie einen ähnlich hohen Zustimmungswert auf (Rating 3,21) wie das Streben nach Homogenität (Rating 3,15). Am seltensten wird die Fairness-Strategie praktiziert (Rating 2,70) (vgl. Gröschke und Podsiadlowski 2013, S. 32).

Die Aussagen der befragten Unternehmen zu den zukünftigen strategischen Entwicklungen belegen jedoch einen **Trend zu proaktiven Strategien**, wobei die Lern-Effektivitäts-Perspektive als erstrebenswerteste eingeschätzt wird.

Außerdem macht die Untersuchung von Podsiadlowski deutlich, dass die proaktiven Diversity-Strategien die wahrgenommene Attraktivität, emotionale Bindung und die Veränderungsfähigkeit von Organisationen merklich beeinflussen. Insbesondere Unternehmen mit einer Marktzugangs-Legitimitäts- und einer Fair-

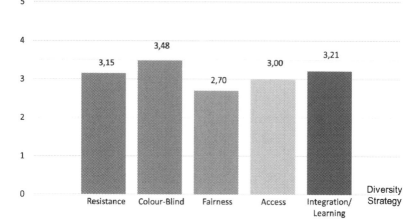

Abb. 4.1 Diversity-Strategien in deutschen Unternehmen (Eigene Darstellung in Anlehnung an Gröschke und Podsiadlowski 2013)

ness-Strategie berichten eine höher eingeschätzte Attraktivität des Unternehmens und eine höhere emotionale Bindung der Beschäftigten. Unternehmen mit einer Lern-Effektivitäts-Strategie berichten höhere Ausprägungen hinsichtlich der emotionalen Bindung und der Veränderungsfähigkeit (vgl. Gröschke und Podsiadlowski 2013, S. 32).

Das bedeutet, dass ein positiver Umgang mit der Diversität zu einer höheren Motivation, Arbeitszufriedenheit und Veränderungsfähigkeit und im Endeffekt zu einer höheren Wettbewerbsfähigkeit eines Unternehmens führt (▶ Kap. 6).

> **Auf den Punkt gebracht:** Es ist offensichtlich, dass nur die proaktiven Strategien im Umgang mit der Vielfalt erfolgversprechend und zukunftsfähig sind. Die Resistance- und Colour-blind-Strategie spiegeln die gesellschaftliche Realität nicht wider und verhindern die Ausschöpfung von Potenzialen heterogener Belegschaften. Das Diversity Management der Zukunft ist proaktiv und versteht Diversity als Vorteil und Wettbewerbsfaktor.

Allerdings gibt es keine allgemeingültigen Lösungen für die Gestaltung des Diversity Managements in jedem beliebigen Unternehmen. Je nach Größe, Branche, internationaler Ausrichtung und Diversität der Belegschaft sollte jedes Unternehmen ein individuell angepasstes Konzept für den Umgang mit der Vielfalt entwickeln und umsetzen.

4.2 Implementierung des Diversity Managements

Diversity Management als ein Konzept für Berücksichtigung, Förderung und konstruktive Nutzung der Vielfalt in Unternehmen braucht bei seiner Implementierung eine ganzheitliche Vorgehensweise und organisatorische Verankerung. Seine Bestandteile sollen systemisch und in einigen aufeinander aufbauenden Arbeitsschritten gestaltet werden.

4.2.1 Ganzheitliche Vorgehensweise

Das proaktive Diversity Management bedeutet ein Umdenken und eine strategische Ausrichtung des Unternehmens. Es genügt folglich nicht, jedes Individuum in seiner Einmaligkeit differenziert zu betrachten, sondern es ist das Einbeziehen der Organisationsentwicklung, der direkten (Mitarbeiterführung) und indirekten Systemgestaltung (Unternehmensführung und HRM) erforderlich.

Um die vielfältigen Ziele des Diversity Managements – soziale Ziele wie Fairness, Chancengleichheit, Legitimität und wirtschaftliche Ziele wie Wettbewerbsvorteile für heterogene Märkte und Kundengruppen, höhere Motivation, Arbeitszufriedenheit und Loyalität (▶ Kap. 2) – zu erreichen, ist eine systematische Betrachtung notwendig.

Alle Bereiche und Funktionen des Unternehmens werden von Diversity-Gedanken durchdrungen und beeinflusst. Strategisches Diversity Management hat umfangreiche Überschneidungen mit der gesamten **Unternehmensführung:** Diversity soll zum Bestandteil von Visionen und Leitbildern werden, strategische Entscheidungen hinsichtlich der Produktpalette und Absatzmärkte beeinflussen, eine entscheidende Rolle in der Personalpolitik spielen, in der Innovations- und Wissensarbeit berücksichtigt werden. Diversity Management weist darüber hinaus starke Verknüpfungen mit **strategischem Marketing** und **internationalen Aktivitäten** auf, da es um die Berücksichtigung von unterschiedlichen Produkt- und Geschäftsfelder und damit im Zusammenhang stehenden Anspruchsgruppen (Stakeholder) geht. Hierbei spielt die externe Vielfalt (heterogene Märkte und Zielgruppen) die entscheidende Rolle.

Betrachtet man die interne Vielfalt der Belegschaft, so sind die Zusammenhänge zwischen dem Diversity Management und **Personalmanagement** offensichtlich. Sie betreffen demografische Veränderungen und deren Folgen für die Mitarbeitenden, interkulturelle Aspekte der Personalführung, individuelle Bedürfnisse und Interessen einzelner Belegschaftsgruppen. In dem Sinne bedeutet Diversity Management eine differenzierte Personalpolitik, geht jedoch über diese hinaus.

Nach Wagner und Voigt (2007, S. 15) geht es bei dem strategischen Diversity Management um die Planung und Implementierung organisatorischer Systeme und Führungspraktiken, um potenzielle Vorteile der Vielfalt zu maximieren und die Nachteile zu minimieren.

Diese interdisziplinäre und bereichsübergreifende Ausrichtung macht Diversity Management zu einem Konzept der **Organisationsentwicklung**, welches das Ziel hat, sämtliche Potenziale heterogener Belegschaften zu entfalten und dadurch einen Beitrag zum Unternehmenserfolg zu leisten.

4.2.2 Bestandteile des systemischen Diversity Managements

Mit dem systemischen Ansatz des Diversity Managements wird angestrebt, das komplexe Aufgabengebiet der Diversity-Aktivitäten im Unternehmen nachhaltig und erfolgbringend zu gestalten. Zu den wichtigsten Prioritäten zählen:

- Die Integration der Ziele von Diversity Management in die Visionen, Strategien, Strukturen, Planung und Kontrolle sowie Steuerungsprozesse des Unternehmens.
- Die organisatorische Verankerung des Diversity Managements in die Struktur des Unternehmens als Stelle, Abteilung oder Kompetenzzentrum mit beratender und unterstützender Funktion.
- Die Einbindung von Führungskräften aller Ebenen als Gestalter, Verantwortliche und Vorbilder für die Umsetzung von Diversity Management.
- Breite Einbeziehung von Mitarbeitenden, Förderung und Unterstützung diverser Netzwerke an der Basis, um die zielgruppenspezifischen Bedürfnisse und Interessen optimal zu kommunizieren und adäquate Maßnahmen zu entwickeln. So werden die Betroffenen zu Beteiligten gemacht.
- Die Schaffung einer Unternehmenskultur, die gegenseitige Wertschätzung, Respekt und Gleichbehandlung ohne Vorurteile und Diskriminierung fordert und fördert.

Unter diesen Prämissen sollen individuell, je nach Besonderheiten eines Unternehmen, konkrete Maßnahmen und Instrumente für ein systemisches Diversity Management als Strategiekonzept konzipiert und implementiert werden.

In Anlehnung an die Empfehlungen der Europäischen Kommission zur Implementierung des Diversity Management in Unternehmen (vgl. Europäische Kommission 2003, S. 52 ff.) können die Bestandteile und mögliche Umsetzungsformen eines systemischen Diversity Managements abgeleitet werden (Tab. 4.2).

Die Bedeutung der **Visionen**, **Leitbilder** und **Grundsätzen** für die Implementierung des Diversity-Gedanken ist enorm, allerdings sollen diese Formulierungen im Unternehmen gelebt werden. Nur dann sind sie mehr als Lippenbekenntnisse und wirken glaubwürdig. Deswegen ist der zweite Bestandteil – Einbindung der Führungskräfte aller Ebenen – für eine nachhaltige Implementierung des Diversity Managements unentbehrlich (▶ Kap. 5).

◘ **Tab. 4.2** Bestandteile des systemischen Diversity Managements

Nr.	Bestandteile	Inhalte und mögliche Umsetzungsformen
1.	Diversity als Teil des Leitbildes	Widerspiegelung des Diversity-Gedanken in der Vision, dem Leitbild, den Grundsätzen und der Unternehmenspolitik
2.	Bekenntnis des Top-Managements zur Diversität	Initiierung, Gestaltung und Ermöglichung des Diversity Management, gelebte Wertschätzung der Vielfalt
3.	Organisatorische Strukturen für Diversity Management	Organisationseinheit oder Stelle Diversity-Manager(in), Kompetenzzentrum mit entsprechenden Ressourcen
4.	Netzwerke	real funktionierende Frauen-, Migrant(inne)en-, Schwulennetzwerke etc.
5.	Diversity-orientierte Kommunikation	mündliche und schriftliche, interne und externe Kommunikation unter Berücksichtigung der Vielfalt (mehrsprachig, zielgruppenspezifisch)
6.	Integration von Diversity in Zielvereinbarungen und Controlling	Diversity-Ziele in Zielvereinbarungen/MbO, Anreize für Führungskräfte, Soll-Ist-Vergleich, Prüfung der Effektivität und des Ressourceneinsatzes, Erfassen von Kosten und Nutzen von Diversity Management
7.	Diversity-orientiertes Personalmanagement	Berücksichtigung der Diversität bei Rekrutierung, Einsatz, Beförderung, Führung des Personals (z. B. zielgruppenspezifische Ansprache, anonymisierte Bewerbungsverfahren, Frauenquoten, kompetenzorientierter Einsatz, gemischte Arbeitsgruppen)
8.	Praktische Maßnahmen und Nutzen für die Beschäftigten	flexible Arbeitszeiten, Kinderbetreuung, Sprachkurse, individuell angepasste Arbeitsplätze für Menschen mit Behinderung, Diversity-orientierter Nachwuchspool, Frauenförderung
9.	Förderung der Diversity-Kompetenz	Aus- und Weiterbildungsmaßnahmen für die Vermittlung der Diversity-Kompetenz, insbesondere bei Führungskräften

Die **organisatorische Verankerung** des Diversity Managements als Organisationseinheit mit eigenen Ressourcen sowie einer steuernden und beratenden Funktion ist sehr wichtig. Die meisten Großkonzerne haben eine(n) Diversity-Manager(in) oder sogar eine Abteilung/Gruppe für Diversity Management (▶ Abschn. 3.3).

Als ein weiteres organisatorisches Element gelten **zielgruppenspezifische Netzwerke** (Position 4 in der Tabelle), die spontan an der Basis entstehen und unterstützt und gefördert werden sollen. Hier geht es um die Initiative von unten, die erfolgsentscheidend ist.

Der Diversity-Gedanke soll in die **Unternehmenskommunikation** eingebaut werden – interne und externe Informationen sollen zielgruppenspezifisch und in relevanten Sprachen der Beschäftigten kommuniziert werden. Das betrifft Newsletter, Mitteilungen, Aushänge, Betriebskalender oder auch Kantinenangebote.

Die Position 6 der Tabelle ist besonders komplex: hier geht es um die Integration des Diversity Managements in die **Zielsetzungen** und **Controlling**. Diversity-Ziele sollen ein Bestandteil von Zielvereinbarungen oder Management by Objectives (MbO), in die Anreize für Führungskräfte eingebaut, bei den Soll-Ist-Vergleichen und Prüfung der Effektivität und des Ressourceneinsatzes berücksichtigt werden. Allerdings ist das Erfassen von Kosten und Nutzen von Diversity Management immer noch Zukunftsmusik – es gibt so gut wie keine Unternehmen, die es praktizieren (vgl. Franken und Christoph 2014).

Anders sieht es bei den Maßnahmen unter Punkt 7 aus. Bei den großen, international operierenden Unternehmen hat sich Diversity Management bereits zu einem integralen Bestandteil des Human Resource Management entwickelt. Hier geht es um die **zielgruppenspezifische Ansprache** von Bewerbern bei der Rekrutierung, **anonymisierte Bewerbungsverfahren**, kompetenzorientierter Einsatz der Mitarbeiter(innen), Förderung von **heterogenen Arbeits- und Entwicklungsteams**. Diese Instrumente werden oft in den Vorreiter-Unternehmen eingesetzt (▶ Abschn. 4.4).

Damit das Diversity Management in Unternehmen funktioniert, soll der Nutzen für die Beschäftigten entstehen (Punkt 8 der Tabelle). Dazu zählen praktische Maßnahmen wie flexible Arbeitszeiten, Kinderbetreuung, bei Bedarf Sprachkurse, Barrierefreiheit für Menschen mit Behinderung, diversity-orientierter Nachwuchspool, Frauenförderung, die in vielen großen und mittelständischen Unternehmen schon heute praktiziert werden (▶ Abschn. 4.3).

Die Förderung der **Diversity-Kompetenz** steht in Unternehmen eher selten im Fokus, nur einige Großkonzerne haben erkannt, wie wichtig ein kompetenter Umgang mit der Vielfalt, insbesondere seitens der Führungskräfte, für die Etablierung des Diversity-Gedankens ist.

Die in der Tabelle genannten Umsetzungsformen können je nach Unternehmen oder Organisation unterschiedlich gestaltet und gewichtet werden. Die Analyse des Status quo von Diversity Management in Deutschland (▶ Abschn. 3.3) hat gezeigt, dass die meisten Unternehmen einen großen Nachholbedarf haben und ganz am Anfang der Implementierung von Diversity-Maßnahmen stehen.

4.2.3   Arbeitsschritte bei der Einführung des Diversity Managements

Bei der Einführung des Diversity Managements können folgende praktische Arbeitsschritte definiert werden:
1. Diversity-Analyse der Belegschaft (Personalkennzahlen),
2. Zielsetzung und Maßnahmenplanung,
3. organisatorische Verankerung und Implementierung,
4. Evaluation der Wirksamkeit.

Im ersten Schritt findet eine Analyse des Status quo der Diversität im Unternehmen statt, um die Potenziale der Beschäftigten aufzudecken. Eine Erhebung quantitativer Daten über das Vorhandensein von Vielfalt erfolgt anhand von Personalstatistiken. Die **Diversity-Analyse** bezieht sich in der Praxis auf folgende Merkmale: Geschlecht, Altersstruktur, Familienstand und Kinder, Nationalität und kulturelle Herkunft, (Mutter)Sprache, Behinderung, Ausbildung/Abschlüsse, Dienstalter, Arbeitszeit, Lohnstufe, Managementstatus.

Bei der Analyse dieser Informationen ist **Datenschutz** zu berücksichtigen, um die Privatsphäre zu schützen und die arbeitsrechtlichen Datenschutzbestimmungen hinsichtlich sensibler Daten einzuhalten. Die Daten zu Geschlecht, Alter, Behinderung und ethnischer Herkunft können in der Regel anhand von Bewerbungsunterlagen erfasst werden. Die Kriterien wie Religion oder sexuelle Orientierung sind aus Gründen des Datenschutzes nicht direkt zu erheben.

Durch freiwillige Äußerungen oder offenes Bekenntnis einer Person zu ihrer Religionszugehörigkeit oder sexueller Orientierung können diese Informationen jedoch den unmittelbaren Vorgesetzten oder Kollegen bekannt sein, vorausgesetzt es herrscht Vertrauen und gegenseitige Wertschätzung. Ein anderer Weg, die Bedarfe der Beschäftigten zu erfahren, sind Mitarbeiternetzwerke, die je nach Diversität-Merkmal spontan entstehen und zur Kommunikation von gruppenspezifischen Interessen in Unternehmen beitragen.

Es ist wichtig, in der ersten Phase alle Zielgruppen der heterogenen Belegschaft (Ältere, Jüngere, Frauen, Menschen mit Migrationshintergrund, Behinderte) einzubeziehen, um ihre Perspektiven, Bedürfnisse und Vorschläge einzuholen.

Im zweiten Schritt sollte zunächst die Frage nach den **Zielen** des Diversity Managements beantwortet werden: Welche Ziele in Bezug auf die Vielfalt wollen wir erreichen? Es kann um die Realisierung der Chancengleichheit und/oder um die wirtschaftlichen Vorteile durch das Diversity Management (Business Case) gehen. Die meisten Unternehmen kombinieren beide Zielsetzungen. Auf dieser Basis werden praktische **Maßnahmen** abgeleitet, die in der Praxis oft zielgruppenspezifisch formuliert werden (▶ Abschn. 4.3.1). Die Maßnahmen können sich auf die ganze Palette (◘ Tab. 4.2) beziehen, sollten jedoch Schritt für Schritt angestrebt und konsequent verfolgt werden. Statt schnelle Erfolge erzielen zu wollen, sollte man eine langfristige Planung vornehmen. Es gilt, Prioritäten zu setzen und auch kleine Fortschritte zu kommunizieren.

Im dritten Schritt werden die Maßnahmen organisatorisch verankert – es werden **Verantwortliche** und betroffene Bereiche/Abteilungen genannt, die die Umsetzung übernehmen, und notwendige **Ressourcen** zur Verfügung gestellt.

Abschließend sollte eine **Evaluation** im Sinne der **Wirksamkeit** (Effektivität) und **Effizienz** stattfinden: Wurde das Ziel erreicht? Wie effizient war der Ressourceneinsatz? Was kann man aus dem Prozess für die Zukunft lernen? Empfehlenswert sind ebenfalls Mitarbeiterbefragungen, die neben den Fragen zu allgemeiner Arbeitszufriedenheit auch die Fragen bezüglich der Diversity-Maßnahmen beinhalten. So können die Bekanntheit und der Stellenwert der Instrumente regelmäßig überprüft werden.

Insbesondere bei dem letzten Schritt liegen zurzeit nur wenige Erfahrungsberichte aus der Unternehmenspraxis vor – die Messung der Wirksamkeit von Diversity-Maßnahmen gestaltet sich aufgrund von objektiven Schwierigkeiten sehr kompliziert (► Kap. 6).

Da viele Unternehmen, insbesondere KMU, nur wenig oder gar keine Erfahrungen mit dem Diversity Management haben und in Anbetracht der wachsenden Bedeutung von Diversity Management in der Zukunft, spielen die Best Practices der Vorreiter-Unternehmen auf dem Gebiet Diversität eine wichtige Rolle.

4.3 Instrumente des Diversity Managements

4.3.1 Individuelle Ausrichtung der Instrumente

Welche Dimensionen der Vielfalt für ein Unternehmen besonders relevant sind und welche praktischen Instrumente eingesetzt werden, ist von der Größe, Branchenzugehörigkeit, dem Grad der Internationalisierung, den Kundengruppen des Unternehmens und von der Zusammensetzung der Belegschaft abhängig.

Ausschlaggebend ist eine individuelle Diversity-Analyse der Belegschaft nach einzelnen Merkmalen der Diversität (► Abschn. 4.2.3).

Ein Unternehmen kann im Rahmen der Analyse von Personalkennzahlen ein überdurchschnittliches Alter der Belegschaft und/oder zahlreiche Abgänge in den nächsten Jahren als Problem identifizieren. Dann ist es entscheidend, rechtzeitig für die Nachfolge zu sorgen und eine gleitende Aufgaben- und Erfahrungsübergabe von den Älteren an die Jüngeren zu organisieren. Die Demografie-Diversity avanciert dabei zu der ersten Priorität, die bei der Planung von Diversity-Maßnahmen berücksichtigt wird.

Eine andere Organisation kann beispielsweise festgestellt haben, dass ihre Kunden überwiegend weiblich sind, aber zu wenige Frauen im Kundenservice oder in Führungspositionen arbeiten. Daraus ergibt sich die Gender-Diversity als erste Priorität. Man sollte sich um mehr Frauen in der Belegschaft, Förderung von Frauenkarrieren sowie um eine bessere Vereinbarung von Familie und Beruf bemühen.

Für die international agierenden Unternehmen, die ihre Umsätze überwiegend im Ausland erzielen, ist eine multikulturelle Belegschaft besonders wichtig, um die anderskulturellen Märkte und Kunden zu verstehen und optimal zu bedienen. Diese Unternehmen sollten ihren Diversity-Schwerpunkt auf die Gewinnung von interkulturellen Fach- und Führungskräften legen und für die Förderung der interkulturellen Kompetenz sorgen.

Es gibt allerdings auch Unternehmen, überwiegend Großkonzerne, die mehrere Diversity-Merkmale gleichzeitig fokussieren.

4.3.2   Verbreitung der Diversity-Instrumente in der Praxis

Die wichtigsten Dimensionen des Diversity Managements in den deutschen Unternehmen sind Geschlecht, Alter und kulturelle Herkunft. Ihre Verbreitung und typische Instrumente anhand der Studie der Deloitte Consulting (2013) sind in der ◘ Tab. 4.3 dargestellt.

Die Top-3-Instrumente bei der Dimension **Geschlecht** sind Teilzeitverträge nach Elternzeit, flexible Arbeitszeiten und Rückkehrgespräche bei Wiedereintritt nach Elternzeit. Sie werden von den befragten Unternehmen mehrheitlich praktiziert. Andere Maßnahmen – Mentoring und Coaching für karriereorientierte Frauen, unternehmensinterne Frauenquoten, Frauennetzwerke, Kinderbetreuung – kommen seltener vor, obwohl sie ebenfalls bedeutend sind. Gar nicht vorhanden sind bis jetzt die Maßnahmen für Männer/Väter.

Bei der Dimension **Alter** ist die ergonomische Gestaltung der Arbeitsplätze, Freizeit- und Sportangebote und Altersteilzeit besonders verbreitet. Relativ selten kommen Tätigkeitswechsel für ältere Mitarbeiter, altersgerechte Gestaltung der Arbeitsinhalte oder lebensphasenorientierte Personalentwicklung zum Einsatz. Die Aspekte des Wissenstransfers werden in der Masse der Unternehmen gar nicht betrachtet. Die Belange jüngerer Arbeitender (Generation Y) werden komplett ausgeblendet. Auch das Arbeiten in altersgemischten Teams findet in Unternehmen keine Beachtung.

Besonders groß ist der Nachholbedarf bei der Dimension **kulturelle Herkunft**. Diese Dimension ist insgesamt nur für ein gutes Drittel der deutschen Unternehmen relevant, was in Anbetracht der starken Exportorientierung und globalen Ausrichtung der deutschen Wirtschaft viel zu wenig ist. Die meisten Unternehmen praktizieren nur die Entsendung von Führungskräften ins Ausland sowie Unterstützung ausländischer Mitarbeiter durch eine spezielle Abteilung. Weitere Maßnahmen aus der Tabelle – wie multikulturelle Teams, Mentoring für ausländische Mitarbeitende und Rekrutierung von Personen mit Migrationshintergrund – stehen nur selten auf der Agenda der Un-

◘ **Tab. 4.3** Verbreitete Dimensionen und Instrumente von Diversity Management in deutschen Unternehmen

Dimension	Verbreitung in Unternehmen, %	Verbreitete Maßnahmen und Instrumente (Reihenfolge je nach Verbreitung absteigend)
Geschlecht	75,2	Teilzeitverträge nach Elternzeit
		Flexible Arbeitszeiten
		Rückkehrgespräche bei Wiedereintritt nach Elternzeit
		Ansprechpartner bei Familienthemen
		Arbeiten von Zuhause
		Mentoring für weibliche Führungs- und Nachwuchskräfte
		Coaching für weibliche Führungs- und Nachwuchskräfte
		Frauenquoten in Führungspositionen
		Netzwerke für Frauen
		Betriebliche Kindertagesstätten
Alter	44,6	Ergonomische Gestaltung der Arbeitsplätze
		Freizeit- und Sportangebote
		Altersteilzeit
		Flexible Arbeitszeiten für ältere Mitarbeiter
		Tätigkeitswechsel für ältere Mitarbeiter
		Altersgerechte Gestaltung der Arbeitsinhalte
		Lebensphasenorientierte Personalentwicklung
Kulturelle Herkunft	37,5	Entsendung von Führungskräften ins Ausland
		Abteilung zur Unterstützung ausländischer Mitarbeiter
		Rekrutierung ausländischer Fach- und Führungskräfte
		Globale Talent-Pools
		Workshops mit internationalem Fokus
		Multikulturelle Teams
		Auslandserfahrung als Voraussetzung von Führung
		Mentoring von ausländischen Mitarbeitern
		Rekrutierung immigrierter Fach- und Führungskräfte

[Quelle: Deloitte Consulting 2013]

ternehmen. Bedenkt man die Bedeutung der Auslandsgeschäfte einerseits und die unausgeschöpften Potenziale von Menschen mit Migrationshintergrund in Deutschland andererseits, so ist ein Umdenken hinsichtlich der Maßnahmen bei der Ethnic-Diversity dringend erforderlich.

Die Analyse des Status quo der Diversity-Instrumente ist ein weiterer Beleg dafür, dass viele deutsche Unternehmen noch in der Anfangsphase der Implementierung von Diversity Management stehen und einen Nachholbedarf im Vergleich zu den Vorreitern in Sachen Diversität haben.

In den weiteren Kapiteln werden ausgewählte Best-Practice-Beispiele des Diversity Managements aus der breiten Palette der Instrumente (❑ Tab. 4.2) erläutert, wobei der Schwerpunkt auf den bedeutenden aber weniger verbreiteten Instrumenten liegen wird.

4.4   Best-Practice-Beispiele

4.4.1   Diversity-Leitbilder

Bevor in einem Unternehmen konkrete Schritte zur Umsetzung des Diversity Managements erfolgen können, ist es wichtig, dass sich das Unternehmen dazu bekennt. Nicht nur Großkonzerne, sondern auch die KMUs sollten ein Bekenntnis zu Diversity in ihre Leitlinien oder Leitbilder integrieren.

Ein klar formuliertes Diversity-Leitbild belegt die Wertschätzung der Vielfalt als wertvolle Ressource und wird von der heterogenen Belegschaft als Bestätigung wahrgenommen. Außerdem wirkt es nach außen – auf Kunden, potenzielle Arbeitnehmer(innen) und Kooperationspartner.

Beispiel: Diversity-Leitbild von ThyssenKrupp

„Vielfalt ist ein wichtiger Aspekt in unserem täglichen Miteinander. Kolleginnen und Kollegen unterschiedlicher Nationalitäten mit verschiedenen kulturellen Hintergründen und Erfahrungen prägen und bereichern unser Unternehmen. Daher hat ThyssenKrupp sich zum Ziel gesetzt, diesen Reichtum in Zukunft noch systematischer und nachhaltiger aufzubauen und aktiver zu nutzen. Wir bekennen uns damit ausdrücklich zu einer Unternehmenspolitik, die auf Wertschätzung, Förderung und Nutzung von Vielfalt im Konzern ausgerichtet ist. Dies haben wir in unserem Leitbild und mit der Unterzeichnung der ‚Charta der Vielfalt‘ dokumentiert.

Mit dem im Herbst 2011 gestarteten Projekt diversity@thyssenkrupp wird dazu ein übergreifender strategischer Rahmen geschaffen, der ein gemeinsames Verständnis von Diversity & Inclusion sowie die Nutzung und Weiterentwicklung der bestehenden Maßnahmen konzernweit fördert – mit den besonderen Schwerpunkten bei den Diversity-Dimensionen Gender, Internationalität und Kompetenz/Erfahrungshintergrund." (ThyssenKrupp 2014)

Nicht nur Unternehmen, sondern auch vermehrt öffentliche Verwaltungen, kommunale Betriebe und wissenschaftliche Organisationen formulieren ihre Diversity-Statements. Das ist ein Zeichen der steigenden Diversität der Gesellschaft und der zunehmenden Bedeutung eines konstruktiven Umgangs mit der Vielfalt. Zum Beispiel, die Technische Universität München hat vor kurzem ein ansprechendes Diversity-Leitbild formuliert.

Beispiel: Diversity-Leitbild der Technischen Universität München

„Wissenschaft und Innovation in einer offenen Gesellschaft basieren auf Freiheit, Demokratie, Menschenrechten und Transparenz. In diesem Sinne bedeutet Diversity gegenseitigen Respekt, Partizipation und Inklusion aller Menschen in die wissenschaftliche Gemeinschaft unabhängig von Geschlecht, Nationalität, Religion und Weltanschauung, Behinderung, Alter sowie sexueller Identität. Nur so können das Potenzial und die spezifischen Talente und Fähigkeiten jedes Mitglieds der Gesellschaft zur vollen Entfaltung gelangen. Aufgrund ihrer Eigenschaft als Technische Universität erachtet die TUM Gender-Fragen als besonders wichtig quer durch alle Diversity-Bereiche." (TUM 2014)

4.4.2 Integration von Diversity in Zielvereinbarungen

Für ein nachhaltiges Diversity Management sollen die Zielsetzungen hinsichtlich der Diversität explizit definiert und die Zielerreichung kontinuierlich überprüft werden. Am Beispiel des Lufthansa-Konzerns kann man nachvollziehen, welche Ziele ein Großunternehmen bei verschiedenen Diversity-Dimensionen festlegen kann.

Beispiel: Diversity-Ziele im Lufthansa-Konzern

Die Belegschaft des Lufthansa-Konzerns zeichnet sich durch eine enorme Diversität aus. Von weltweit über 116 Tsd. Mitarbeitenden (zu Beginn 2012) waren 55,4 % männlich, 44,6 % weiblich. Bei den Führungskräften der Leitungsebenen, die insgesamt 1026 Menschen umfassen, lag der Frauenanteil bei 13,6 %, bei den Vorgesetztenfunktionen (13.645 Positionen) immerhin bei 35,5 %. Insgesamt waren im Konzern 141 Nationalitäten vertreten, allein in Deutschland 121. Der Behindertenanteil lag bei 3,3 %.

Lufthansa hat sich vor kurzem beim Treffen der Dax-30-Personalvorstände mit vier Bundesministern zu einer Zuwachsquote von 30 % bis 2020 bei Frauen in Führungspositionen verpflichtet. Nach einer sehr differenzierten Analyse der Statistik, den bisherigen Entwicklungsfiltern und psychologischen Einflussfaktoren ist diese realistische Zuwachsgröße entstanden. Bei Mitarbeitern und in den Vorgesetzten-Funktionen gibt es eine breite Mitarbeitervielfalt; bei den Führungskräften spiegelt sich diese Vielfalt noch zu wenig. Aus diesem Grund wurde 2011 das Projekt „Führungskräftelandschaft 2020" gestartet, das neben dem Gender-Ziel („gender balance") auch die kulturelle Vielfalt („mixed culture"), die Altersspreizung („all ages") und die Kompetenz-Vielfalt („different skills") umfasst. In allen vier Bereichen sind quantitative Ziele verabschiedet worden: Beim Durchschnittsalter der Führungskräfte soll es keine weitere Steigerung geben; bei der Kulturvariante soll es einen Zuwachs von 40 % an internationalen Identitäten geben; im Hinblick auf die Kompetenz-vielfalt sollen sich Führungskräfte nicht nur durch Generalität auszeichnen, sondern auch durch Projektstellen und Expertenlaufbahnen.

Die Nachwuchs-Pools unterhalb der Leitungsebenen unterstützen die Entwicklung von diverseren Nachwuchsführungskräften. Deshalb wird bei der Rekrutierung, besonders beim Hochschulmarketing, darauf geachtet, dass genügend Vielfalt vorhanden ist.

Zusätzlich zu den quantitativen Zielen gibt es qualitative: Inklusion aller Mitarbeitenden und damit Mobilisierung des gesamten Potenzials – Wertschöpfung durch Wertschätzung (vgl. Rühl 2013, S. 469–470).

Die Formulierung von konkreten quantitativen Zielen ermöglicht eine langfristige und nachhaltige Arbeit mit der Vielfalt und einen kontinuierliche Soll-Ist-Vergleich von Zielvorgaben. So werden die Statements zu Diversity operationalisiert und das Bekenntnis zur Vielfalt als eine nachhaltige ernste Angelegenheit kommuniziert.

4.4.3 Anonymisierte Bewerbungsverfahren

Um die Vielfalt im Alltag zu ermöglichen, sind Rekrutierungsverfahren notwendig, die eine Chancengleichheit für Menschen beider Geschlechter, verschiedenen Alters und kultureller Herkunft erlauben. In der Praxis werden oft die Bewerber aufgrund eines ausländisch klingenden Namens, des Geschlechts oder Alters aussortiert.

Um dieser – bewusster oder unbewusster – Benachteiligung im Alltag vorzubeugen, hat die Antidiskriminierungsstelle des Bundes Ende 2010 ein Pilotprojekt ins Leben gerufen, in dem deutschlandweit verschiedene Unternehmen (darunter Deutsche Post und die Telekom), Behörden und Kommunen anonymisierte Bewerbungsverfahren getestet haben. Beim Pilotprojekt wurden über 8500 Bewerbungen anonymisiert eingesehen, 246 Arbeits-, Ausbildungs- und Studienplätze wurden erfolgreich besetzt (vgl. Antidiskriminierungsstelle 2014).

> ❯❯ **Auf den Punkt gebracht: Beim anonymisierten Bewerbungsverfahren wird auf Angaben wie Name, Geburtsdatum oder Herkunft und auf ein Foto verzichtet, so dass ausschließlich die Qualifikation der Bewerbenden zählt.**

Durch dieses Verfahren – so die Ergebnisse des Pilotprojektes – werden nachweislich die Chancen insbesondere für Frauen oder auch Menschen mit Migrationshintergrund auf eine Einladung zu einem Vorstellungsgespräch erhöht.

Beispiel: Anonymisierte Bewerbungen bei der Stadt Celle

Serpil Klukon und Steffen Müller haben bei der Stadt Celle neue Jobs gefunden. Die Ökonomin hatte durch ihren türkischen Namen Schwierigkeiten bei der Jobsuche. Auch Müller, der mit Mitte 40 nach einer Erkrankung beruflich noch einmal neu durchstarten musste, machte Erfahrungen mit Diskriminierung bei Bewerbungen. Heute ist Klukon Referatsleiterin, der Facharbeiter wurde als Verwaltungsfachangestellter eingestellt. Beide kamen durch eine anonyme Bewerbung zum Zug.

Die Stadt Celle beteiligte sich am Pilotprojekt der Antidiskriminierungsstelle des Bundes: Statt umfangreicher Unterlagen füllten Klukon und Müller einen standardisierten Bogen aus. Die Personalverantwortlichen erhielten im ersten Schritt nur Informationen über die beruflichen Qualifikationen der Bewerber, nicht aber über deren Geschlecht, Alter, Namen, Herkunft oder Familienstand. Erst im Vorstellungsgespräch erfuhren die Personalverantwortlichen, mit wem sie es zu tun hatten (vgl. Groll 2012).

Allerdings sind die Meinungen zu dem Instrument „Anonymisierte Bewerbungsverfahren" geteilt. Es wird bemängelt, dass die Individualität eines Bewerbers durch die Anonymisierung verloren gehen kann. Außerdem ermöglicht dieses Verfahren nur eine Einladung der sonst benachteiligten Kandidaten zu einem ersten Vorstellungsgespräch, kann jedoch nicht vor Benachteiligungen in den späteren Bewerbungsphasen schützen. Häufig sind die Stereotype und Vorurteile so stark in den Köpfen der Entscheidungsträger verankert, dass auch die anonymisierten Verfahren nicht helfen. Notwendig ist ein Umdenken weg von der defizitären hin zu potenzialorientierter Wahrnehmung von Potenzialen einzelner Bewerbergruppen wie Frauen, Ältere oder Menschen mit Migrationshintergrund.

4.4.4 Mitarbeiternetzwerke

Aufgrund gemeinsamer Bedürfnisse und Interessen bilden sich in Unternehmen oft bottom up Mitarbeiternetzwerke, die von Unternehmen unterstützt und gefördert werden. Netzwerke gehören zu den gängigen Instrumenten des Diversity Managements. Am häufigsten beziehen sich die Netzwerke auf Diversity-Dimensionen Gender, Alter und sexuelle Orientierung.

Beispiel: Netzwerk „Women in Trade" bei der Metro Group
Das Netzwerk „Women in Trade" der Metro Group in Düsseldorf wurde 2012 auf Initiative von einigen weiblichen Führungskräften des Unternehmens gegründet, ist jedoch kein reines Frauennetzwerk. Auch die männlichen Kollegen sind dabei und profitieren von Vielfalt und Gleichberechtigung. Das Netzwerk will dazu beitragen, das Verständnis zwischen Männern und Frauen zu fördern, den Anteil von Frauen in Führungspositionen nachhaltig zu steigern, die Gender-Vielfalt im Unternehmen zu optimieren und die Kompetenzentwicklung von Frauen zu fördern sowie die Werte wie Vielfalt und Familienfreundlichkeit im Berufsalltag umzusetzen (vgl. Charta der Vielfalt 2014, Best Practices).

In den Frauen-, Migranten- oder Schwulennetzwerken geht es überwiegend um den Erfahrungsaustausch zwischen den Mitarbeiter(inne)n, die sich aufgrund ähnlicher Bedürfnisse und Probleme zusammengefunden haben, aber auch um die Artikulation von gemeinsamen Interessen und Erwartungen gegenüber der Unternehmensleitung. Insofern spielen diese Netzwerke eine wichtige Rolle bei der Selbstorganisation und Interessenvertretung von Diversity-Gruppen in Unternehmen und Organisationen.

Allerdings gibt es Beispiele von anderen Netzwerken, z. B. Seniorennetzwerke zur Weitergabe des Wissens an die jüngeren Beschäftigten. Wie bekannt, zeichnen sich ältere Beschäftigte durch ein umfangreiches Erfahrungswissen aus, welches in Unternehmen erhalten werden muss. In einem Netzwerk, bestehend aus den Teilnehmern verschiedener Generationen, kann das Wissen ausgetauscht und so nachhaltig aufrechterhalten werden.

Beispiel: Netzwerk BaySEN des Bayer-Konzerns

Um die Erfahrung, Übersicht und Expertise der ehemaligen Beschäftigten für das Unternehmen zu erhalten und dem Wissensverlust, der sich in den nächsten Jahren durch den demografischen Wandel verstärken wird, entgegenzuwirken, hat der Bayer-Konzern Ende 2010 die Initiative Bayer Senior Experts Network, kurz: BaySEN, gestartet. Als Senior Expert können in diesem Netzwerk ehemalige Mitarbeitende mitwirken, die bei Bayer pensioniert wurden und die das Mindestalter von 60 Jahren erreicht und ihr Arbeitsverhältnis mit Bayer beendet haben. Selbstverständlich können Kandidaten auch vor Erfüllung dieser Bedingungen bereits in die BaySEN-Datenbank aufgenommen werden. Die Einsatzmöglichkeiten sind vielfältig: Gefragt sind hauptsächlich spezialisierte Fachkräfte, aber auch Pensionäre, die über Management- und Führungserfahrung verfügen. Interessierte Mitarbeiter und Pensionäre füllen ihr Profil in der BaySEN-Datenbank aus. Wenn ihre Qualifikationen und Erfahrungen zu konkreten Aufgaben passen, werden sie vom BaySEN Team kontaktiert und in Abstimmung mit der jeweiligen Konzerngesellschaft eingesetzt. Sobald sich der anfordernde Bereich und der Kandidat für den Einsatz entscheiden, erhält der Senior Expert einen befristeten Arbeitsvertrag, dessen Dauer und Umfang abhängig von der jeweiligen Aufgabe ist (vgl. Bayer 2014).

4.4.5   Interkulturelle Kompetenz von Migrant(inn)en

Die Beschäftigten mit Migrationshintergrund verfügen häufig über großes Potenzial: Sie bewegen sich zwischen verschiedenen Kulturen, beherrschen fließend mindestens zwei Sprachen und können sich flexibel auf neue Situationen und kulturelle Umgebungen einstellen (vgl. Franken und Kowalski 2006).

Interkulturelle Kompetenzen von Migrant(inn)en eröffnen Zugänge zu internationalen Märkten und neuen Kunden und verbessern das Image des Unternehmens.

In den internationalen Aktivitäten, in der Kommunikation und bei Verhandlungen im Ausland, in der Betreuung von multikulturellen Kunden können diese spezifischen Kompetenzen von Zugewanderten zu mehr Erfolg und Wettbewerbsfähigkeit des Unternehmens beitragen.

Die Kompetenzen von den Beschäftigten mit unterschiedlichen kulturellen Hintergründen können in verschiedenen Formen eingesetzt werden: für die Entwicklung neuer Produkte und Dienstleistungen für neue Zielmärkte und Kundengruppen, im Kundenservice, in internationalen Aktivitäten (bei Verhandlungen, in der Korrespondenz, in Auslandseinsätzen, bei der Mitarbeiterrekrutierung im Ausland usw.).

Häufig werden diese Aktivitäten als **Ethnomarketing** bezeichnet. Ethnomarketing ist die Ausgestaltung aller Beziehungen eines Unternehmens auf eine Zielgruppe, die sich aufgrund von historischen, kulturellen und sprachlichen Gegebenheiten von der Bevölkerungsmehrheit in einem Land unterscheidet. Die Unterschiede können andersartige Einstellungen, Motive oder Bedürfnisse verursachen und zeigen sich in einem Konsumentenverhalten, welches von dem der Mehrheitsgesellschaft abweicht (vgl. Aygün 2014).

Beispiel: Ethnomarketing bei E-Plus

„Ay Yildiz" ist türkisch und heißt übersetzt Mond und Stern. Ay Yildiz ist seit 2005 auch eine Tochtergesellschaft des Mobilfunkanbieters E-Plus. Die Ethnomarke spricht türkischstämmige Kunden in Deutschland an und bietet ihnen günstige Tarife in die Türkei. Innerhalb von nur zwei Jahren war Ay Yildiz bei über 80 Prozent der Zielgruppe bekannt.

Das Erfolgsrezept ist so einfach wie überzeugend: Die meisten Mitarbeiter bei Ay Yildiz haben türkische Wurzeln. Sie wissen genau, mit welchen Inhalten und welcher Bildsprache sie ihre Kunden ansprechen müssen. Die Marke präsentiert sich in den türkischen Nationalfarben rot und weiß. Auch Mond und Stern, die beiden Elemente der türkischen Flagge, sind Teil des Logos. Webseite, Videokampagnen und Werbeplakate sind auf Deutsch und Türkisch. Und die Mitarbeiter wissen, dass auch bei geschäftlichen Beziehungen kulturelle Besonderheiten eine wichtige Rolle spielen. So enden zum Beispiel Pressekonferenzen, die in den Fastenmonat Ramadan fallen, mit einem gemeinsamen Fastenbrechen (vgl. Ludwig 2013, S. 56).

Im Fall von multikulturellen Belegschaften und heterogenen Arbeitsteams sind interkulturelle Kompetenzen erforderlich, um bei Missverständnissen und Konflikten effektiv zu intervenieren, Kommunikations- und Motivationsmethoden angemessen zu gestalten. Einige Unternehmen setzen dabei auf sogenannte **Kulturmittler**.

Beispiel: Kulturmittler bei ThyssenKrupp

ThyssenKrupp Steel mit stark multikultureller Beschäftigungsstruktur setzt gewählte Vertrauensleute als Kulturmittler ein. Sie werden in interkultureller Kompetenz geschult, um

Problemfelder zu erkennen, Konflikte zwischen kulturellen Gruppen aufzufangen sowie Mittlertätigkeiten auszuüben. Die Arbeit der Kulturmittler dient dem Betriebsklima, der reibungslosen Kommunikation unter den Beschäftigten und damit der internen Effektivität (vgl. Köppel 2013, S. 41).

Um die spezifischen Kompetenzen von den Beschäftigten mit Migrationshintergrund optimal zu erschließen, sind unterstützende Maßnahmen und Rahmenbedingungen erforderlich, die eine gegenseitige Wertschätzung fördern, Sprach- und Kommunikationskompetenzen stärken, Spielräume für vielfältige Religionspraktiken, Gebräuche und Essgewohnheiten schaffen.

Beispiel: Unterstützung der kulturellen Vielfalt bei IKEA

„Die Vielfalt in unserem Unternehmen spiegelt die kulturelle und ethnische Buntheit unserer Gesellschaft wider. Das ist der Schlüssel unseres Erfolgs", sagt Franka Johne, die seit 2011 bundesweit für Diversity Management verantwortlich ist.

Rund 15.400 Mitarbeiter mit 97 verschiedenen Nationalitäten beschäftigt IKEA in Deutschland. Im Netzwerk „MosaikCoolTour" tauschen sich Kollegen aus verschiedenen Nationen aus, in den einzelnen Einrichtungshäusern finden regelmäßig Diversity-Workshops statt, in denen unbewusste Vorurteile unter anderem gegenüber ausländischen Mitmenschen aufgedeckt und gemeinsam diskutiert werden.

Darüber hinaus werden Sprach- und Kulturpaten eingesetzt, die neuen Kollegen bei der deutschen Sprache helfen und sie in die Unternehmenskultur einführen. In einem Diversity-Handbuch werden die Maßnahmen erfasst, wie ausländische Mitarbeiter ihre Religion und Kultur im Arbeitsalltag ausüben können. Zum islamischen Fastenmonat Ramadan öffnen viele Einrichtungshäuser zum Beispiel die Mitarbeiterrestaurants früher oder später – je nach Bedarf. In vielen Einrichtungshäusern hängen Weltkarten, die zeigen, aus welchen Ländern die Kollegen kommen oder Kalender, die alle christlichen, islamischen, jüdischen, buddhistischen und hinduistischen Festtage aufführen. Es finden Kochabende statt, an denen Mitarbeitende für ihre Kolleg(inn)en kochen und ihre Nationalgerichte vorstellen.

IKEA fördert bewusst gemischte Teams und vertritt die Meinung, dass durch die unterschiedlichen Ansichten und Biografien der Teammitglieder die Lebenssituationen vielfältiger Kunden besser verstanden werden (vgl. Ludwig 2013, S. 57).

Die dargestellten Best-Practice-Beispiele zeigen, dass eine nachhaltige Diversity-Arbeit ressourcen- und zeitaufwendig ist, langfristig geplant und ganzheitlich umgesetzt werden soll. Das ist nur möglich, wenn die Geschäftsführung und die Führungskräfte des Unternehmens sich zum Thema Diversity bekennen und Diversity Management als strategisches Konzept verstehen.

4.5 **Lern-Kontrolle**

Kurz und bündig

Mit Diversity-Strategie zum Erfolg. Unternehmen und Organisationen werden mit der externen Vielfalt der Märkte, Kundschaften und Stakeholder sowie mit der internen Vielfalt der Belegschaft konfrontiert. Mithilfe einer Diversity-Strategie können Unternehmen und Organisationen die Nachteile und Probleme der Diversität bewältigen und die positiven Auswirkungen der Vielfalt als Vorteile nutzen.

Es gibt mehrere Strategien für den Umgang mit Diversität. Viele Unternehmen in Deutschland praktizieren immer noch reaktive, vermeidende Strategien wie Resistance- und Colour-blind-Strategie, und versuchen, kulturelle Homogenität zu bewahren oder die Unterschiede zwischen verschiedenen Menschengruppen zu nivellieren. Andere Unternehmen setzen auf proaktive, wertschätzende Strategien und verstehen Diversität als Vorteil. Dabei folgen sie einem Fairness-Ansatz (Fairness), einem Marktzugangs-Legitimitäts-Ansatz (Access) oder einem Lern-Effektivitäts-Ansatz (Integration/Learning). Untersuchungen zeigen, dass die proaktiven Diversity-Strategien zu mehr Innovation, Flexibilität und Arbeitszufriedenheit führen. Der Entwicklungstrend zeigt eindeutig in Richtung von proaktiven Strategien, die in Unternehmen zunehmend eingesetzt werden.

Das proaktive Diversity Management bedeutet ein Umdenken und eine strategische Ausrichtung des Unternehmens. Es genügt folglich nicht, jedes Individuum in seiner Einmaligkeit differenziert zu betrachten, sondern es ist das Einbeziehen der Organisationsentwicklung, der direkten (Mitarbeiterführung) und indirekten Systemgestaltung (Unternehmensführung und HRM) erforderlich. Man braucht eine ganzheitliche Vorgehensweise, um Diversity Management als eine bereichsübergreifende Querschnittfunktion zu etablieren.

Diversity Management sollte in die Visionen und Leitbilder des Unternehmens integriert und in der Organisationsstruktur fest verankert werden (durch eine spezielle Abteilung oder eine(n) Diversity-Manager(in)). Diversity-Ziele sollen in die Zielvereinbarungen eingebaut und regelmäßig evaluiert werden. Diversity Management benötigt eine umfassende Unterstützung von Führungskräften aller Ebenen, die sich zu Diversity-Gedanken bekennen, als Vorbilder dienen und notwendige Ressourcen zur Verfügung stellen. Außerdem ist es wichtig, dass die Personalrekrutierung für heterogene Kandidat(innen) durchlässig ist, was beispielsweise mit dem anonymisierten Bewerbungsverfahren unterstützt werden kann. Zu dem Diversity Management gehört auch die Initiative von unten – verschiedene Mitarbeiternetzwerke, die zum Erfahrungsaustausch und Artikulation von gemeinsamen Interessen und Bedürfnissen beitragen. Es gilt, diese Netzwerke zu unterstützen. Ein weiterer Bestandteil des Diversity Managements sind praktische Maßnahmen und Instrumente zur Förderung einzelner Belegschaftsgruppen, wie Frauenförderung, flexible Arbeitszeiten, Kinderbetreuung, Gesundheitsmanagement, lebensphasenorientierte Personalentwicklung, gemischte Arbeitsteams, Training der interkulturellen Kompetenz, mehrsprachige Unternehmenskommunikation etc.

Die Einführung des Diversity Managements in einem Unternehmen sollte individuell je nach Größe, Branche und Bedarf stattfinden. Sie beginnt mit einer Diversity-Analyse anhand der Personalkennzahlen und beinhaltet die Arbeitsschritte Zielsetzung, Maßnahmenplanung, organisatorische Verankerung/Implementierung sowie Evaluation der Wirksamkeit.

Die Analyse der in Unternehmen verbreiteten Diversity-Instrumente zeigt, dass die meisten Unternehmen einen wesentlichen Nachholbedarf haben, insbesondere bei Diversity-Leitbildern, Verankerung in organisatorische Strukturen, Integration in die Zielvereinbarungen und Controlling von Diversity-Instrumenten. Desto wichtiger sind die Best Practices der Vorreiter in Sachen Diversität, von denen man lernen kann, wie eine proaktive Diversity-Strategie zu mehr Wettbewerbsfähigkeit und Erfolg eines Unternehmens beitragen kann.

❷ Let's check

1. Wodurch unterscheiden sich proaktive Strategien im Umgang mit Vielfalt von reaktiven Strategien?
2. Welche Merkmale haben Fairness-, Marktzugangs-Legitimitäts- und Lern-Effektivitäts-Strategie der Diversität?
3. Welche Strategien werden Ihrer Meinung nach in der Zukunft dominieren?
4. Warum erfordert Diversity Management eine ganzheitliche Vorgehensweise? Mit welchen Bereichen und Funktionen in Unternehmen ist es verbunden?
5. Welche Bestandteile hat ein systemisches Diversity Management? Nennen Sie praktische Beispiele zu jedem Teil.
6. Wie wird Diversity Management in Unternehmen eingeführt (Arbeitsschritte)?
7. Welche Dimensionen und Instrumente des Diversity Managements sind zurzeit in den deutschen Unternehmen besonders relevant?
8. Welche Vor- und Nachteile haben anonymisierte Bewerbungsverfahren?

❷ Vernetzende Aufgaben

Haben Sie selbst oder Ihre Bekannten/Freunde Diskriminierung im Alltag erlebt? Was kann man gegen Diskriminierung tun? Braucht Deutschland eine Antidiskriminierungsstelle?

❶ Lesen und Vertiefen

- Antidiskriminierungsstelle des Bundes (Hrsg.). (2014). Die Antidiskriminierungsstelle des Bundes. ▶ http://www.antidiskriminierungsstelle.de/DE/UeberUns/ueberUns_node.html;jsessionid=7DC1D761CB58B151F414BF5F5E047AA5.2_cid322 Zugegriffen: 12. Juli 2014.
  Auf der Homepage der Antidiskriminierungsstelle des Bundes werden die Ziele, die Geschichte und die Methoden der Arbeit dieser Organisation erläutert.
- Rühl, M. (2013). DiversityManagement bei Deutsche Lufthansa AG. Strategische Ausrichtung und operative Praxis. In: R. Stock-Homburg (Hrsg.), Handbuch Strategisches Personalmanagement (S. 465–482). Wiesbaden: Springer Fachmedien.

In diesem Buchbeitrag können Sie erfahren, wie die Lufthansa AG ihre Strategien für den Umgang mit der Vielfalt entwickelt, welche Bedeutung Diversity Management in diesem internationalen Konzern hat und welche Maßnahmen im Alltag praktiziert werden.

Literatur

Antidiskriminierungsstelle des Bundes (2014). *Anonymisierte Bewerbungsverfahren – das Pilotprojekt.* http://www.antidiskriminierungsstelle.de/DE/ThemenUndForschung/anonymisierte_ bewerbungen/das_pilotprojekt/anonymisierte_bewerbungen_node.htm. Zugegriffen: 31. Mai 2014

Aygün, T. (2014). *Ethno-Marketing. Fachbeitrag im Gabler Lexikon.* http://wirtschaftslexikon.gabler.de/Definition/ethno-marketing.html. Zugegriffen: 31. Mai 2014

Bayer (2014). *BaySEN.* http://www.karriere.bayer.de/de/whybayer/working_at_bayer/career-development/BaySEN/index.html. Zugegriffen: 30. Mai 2014

Charta der Vielfalt (2014). *Über die Charta.* http://www.charta-der-vielfalt.de/charta-der-vielfalt/ueber-die-charta.html. Zugegriffen: 27. April 2014

Deloitte Consulting (2013). *Talent & Diversity Management in deutschen Unternehmen.* http://www.deloitte.com/assets/Dcom-Germany/Local%20Assets/Documents/01_Consulting/2013/C-HCAS-Talent-Diversity-Studie-2013.pdf. Zugegriffen: 14. Mai 2014

Europäische Kommission (EK) (2003). *Methoden und Indikatoren für die Messung der Wirtschaftlichkeit von Maßnahmen im Zusammenhang mit der personellen Vielfalt in Unternehmen. Abschlussbericht.* http://ec.europa.eu/employment-social/fundamental_rights/pdf/arc/stud/ cbfullrep_de.pdf. Zugegriffen: 20. April 2014

Franken, S., & Christoph, O. (2014). *Erfolgsfaktoren und Barrieren für karriereorientierte Migrantinnen. Abschlussbericht des Forschungsprojektes „Migrantinnen in Führungspositionen".* http://www.migrantinnen-in-fuehrung.de/index.php?page=abschlussberich. Zugegriffen: 3. Juni 2014

Franken, S., & Kowalski, S. (Hrsg.). (2006). *Nutzung des Potenzials junger Akademiker mit Migrationshintergrund für die Bundesrepublik Deutschland. Arbeitsbericht des Forschungsprojektes.* Köln: FH Köln.

Gröschke, D., & Podsiadlowski, A. (2013). Ansätze zum Diversity-Management: Von colour-blind zu colour-ful? *Wirtschaftspsychologie aktuell,* (4), 28–34.

Groll, T. (2012). *Frauen und Migranten profitieren von anonymen Bewerbungen.* http://www.zeit.de/karriere/bewerbung/2012-04/ergebnisse-anonyme-bewerbungen. Zugegriffen: 31. Mai 2014

Köppel, P. (2013). Spektrum der Kulturen – ungenutztes Potenzial. *Wirtschaftspsychologie aktuell,* (4), 36–41.

Ludwig, S. (2013). Ausländische Mitarbeiter im Fokus. *Personalwirtschaft,* (11), 56–58.

Rühl, M. (2013). DiversityManagement bei Deutsche Lufthansa AG. Strategische Ausrichtung und operative Praxis. In R. Stock-Homburg (Hrsg.), *Handbuch Strategisches Personalmanagement* (S. 465–482). Wiesbaden: Springer.

ThyssenKrupp (2014). *Diversity.* http://www.thyssenkrupp.com/de/nachhaltigkeit/diversity.html. Zugegriffen: 31. Mai 2014

TUM (2014). *Diversity-Leitbild.* http://www.diversity.tum.de/diversity-leitbild/. Zugegriffen: 31. Mai 2014

Wagner, D., & Voigt, B.-F. (Hrsg.). (2007). *Diversity-Management als Leitbild von Personalpolitik.* Wiesbaden: Deutscher Universitäts-Verlag.

Diversity Management als Führungsaufgabe

Swetlana Franken

S. Franken, *Personal: Diversity Management,* Studienwissen kompakt,
DOI 10.1007/978-3-658-06797-7_5, © Springer Fachmedien Wiesbaden 2015

Lern-Agenda

Bei der Implementierung des Diversity Managements in Unternehmen spielen die Führungskräfte eine entscheidende Rolle – sie sind Gestalter und Vorbilder für Diversity-Gedanken. Die Führenden können mit ihren Diversity-Visionen die Belegschaft beflügeln oder umgekehrt, Misstrauen und Enttäuschung hervorrufen, falls ihre Parolen nur Lippenbekenntnisse sind. Als Entscheidungsträger und Verantwortliche können Führungskräfte die organisatorische Verankerung des Diversity Managements vorantreiben und die für die Maßnahmen erforderlichen Ressourcen zur Verfügung stellen. Dieses Kapitel beschäftigt sich mit der Rolle von Führungskräften bei der Umsetzung des Diversity-Konzeptes, insbesondere mit der Vorbildfunktion und Gestaltung von Rahmenbedingungen und Unternehmenskultur. Außerdem werden die für Diversity Management erforderlichen Führungskompetenzen und Methoden zu ihrer Vermittlung thematisiert. Die Struktur des Kapitels ist in der Tabelle visualisiert.

Diversity Management als Führungsaufgabe

– Diversity Management als Top-down-Strategie. Gestaltung, Ermöglichung und Verantwortung der Führungskräfte. Positive Diskriminierung und potenzialorientierte Wahrnehmung der Vielfalt. Vielfalt in den Führungsetagen.	Führungskräfte als Gestalter und Vorbilder des Diversity Managements	▶ Abschn. 5.1
– Verankerung des Diversity Managements in allen Kulturebenen. Diversity in den Unternehmensgrundsätzen. Notwendigkeit einer emotionalen Ansprache.	Gestaltung der Unternehmenskultur und Rahmenbedingungen	▶ Abschn. 5.2
– Führungskompetenzen für Diversity Management. Vermittlung der Diversity-Kompetenz. Trainingsarten.	Erforderliche Diversity-Kompetenzen und ihre Vermittlung	▶ Abschn. 5.3

5.1　Führungskräfte als Gestalter und Vorbilder des Diversity Managements

Laut Köppel (2013b, S. 40) muss die Umsetzung von Diversity Management **top down** erfolgen, da der Auftrag und das Commitment des Top-Managements essenziell sind. Die oberen Führungskräfte sind die wichtigsten Akteure für ein erfolgreiches Diversity Management.

Auch die Charta der Vielfalt (vgl. Charta der Vielfalt 2014) betont die spezielle Verantwortung von Führungskräften in der Umsetzung von Diversity Management. Diese Verantwortung bezieht sich sowohl auf die strategischen wie auf die operativen Aufgaben.

In Anlehnung an Amstutz und Müller (2013, S. 364) baut Diversity Management darauf auf, dass

- die Verantwortung für die Umsetzung bei den Führungskräften liegt,
- Diversity in bestehende Führungsinstrumente integriert wird,
- Diversity-Werte in die Unternehmenskultur einfließen,
- notwendige Diversity-Kompetenzen bei beteiligten Personen vorhanden sind.

Alle diese Aspekte werden in weiteren Unterkapiteln erläutert.

5.1.1 Gestaltung, Ermöglichung und Verantwortung

Die Zielsetzung, Gestaltung und Ermöglichung des Diversity Managements gehören zu den Aufgaben der **strategischen Ebene** der Führung. Diese Fragestellungen obliegen in erster Linie den oberen Führungskräften, die nach ihren Positionen überwiegend strukturelle Führung praktizieren. Als Entscheidungsträger können sie den Umgang mit Diversity als strategische Priorität definieren, notwendige Ressourcen zur Verfügung stellen und den Erfolg der implementierten Aufgaben evaluieren.

Während das Top-Management die Verantwortung für Diversity-Vision und organisatorische Gestaltung des Diversity Managements trägt, liegt die Umsetzungsverantwortung bei den Führungskräften der mittleren und unteren Ebene (Gruppen-, Projekt- und Abteilungsleiter).

Die Führungskräfte auf der **operativen Ebene** sind unmittelbare Gesprächspartner für die Beschäftigten in Sachen Diversität. Sie sorgen für eine zielgruppengerechte Kommunikation, vermitteln in Konfliktsituationen in heterogenen Arbeitsgruppen, dienen als Vorbilder für die gegenseitige Wertschätzung und einen respektvolles Miteinander.

Die **Verantwortung für die Zielerreichung** und die Resultate der Diversity-Maßnahmen liegt – wie bei den übrigen Leistungszielen auch – direkt bei den einzelnen Führungskräften. Sie setzen die Diversity-Ziele im Alltag der Organisation um. Die Fachpersonen für Diversity-Fragen oder die Gleichstellungsbeauftragten haben beratende Funktion, entwickeln die Vorgehensweise, übernehmen Aufgaben des Coachings, der Schulung und der Unterstützung der Führungskräfte im gesamten Umsetzungsprozess (vgl. Amstutz und Müller 2013, S. 372).

5.1.2 Positive Diskriminierung und potenzialorientierte Perspektive auf die Vielfalt

Zu den Aufgaben einer Führungskraft in Bezug auf Diversity gehört eine gezielte Förderung der Vielfalt im Unternehmen. Als praktische Maßnahmen sind die sogenannte positive Diskriminierung und die potenzialorientierte Wahrnehmung der Vielfalt notwendig.

Von einer **positiven Diskriminierung** wird gesprochen, wenn die Minderheitsgruppen irgendwelche Vorteile gegenüber der Mehrheit bekommen. Ein Beispiel dafür sind Frauenquoten bei der Besetzung von Führungspositionen. Dort, wo Frauen unterrepräsentiert sind, ist es sinnvoll, ihnen Vorteile zu gewähren, um ein Gleichgewicht zu schaffen. Für die Mehrheit der Männer stellt diese Maßnahme eine Art Benachteiligung dar.

Merke!

Positive Diskriminierung beschreibt gesellschaftspolitische Maßnahmen, die der negativen Diskriminierung sozialer Gruppen in Form gesellschaftlicher Benachteiligung durch gezielte Vorteilsgewährung entgegenwirken sollen.

Es ist verständlich, dass nicht alle Mitarbeitenden mit solchen Maßnahmen zufrieden sind, es kann zu Unsicherheit und Ängsten um die eigene Beförderung und Interessen kommen. Deswegen sollten die Führungskräfte die Mitarbeitenden über die geplanten Diversity-Maßnahmen rechtzeitig informieren und den Sinn der positiven Diskriminierung erklären.

Eine weitere wichtige Aufgabe von Führungskräften ist es, die spezifischen Potenziale ihrer Untergebenen zu erkennen und zu fördern. Eine **potenzialorientierte** Betrachtungsperspektive auf die Fähigkeiten von Beschäftigten sollte die veraltete **defizitorientierte** Sichtweise ersetzen.

Beispiel: Potenzialorientierte vs. defizitorientierte Betrachtung

Ist ein junger Mitarbeiter leistungsfähiger als sein dreißig Jahre älterer Kollege? Die defizitorientierte Perspektive betont, dass die Älteren weniger schnell und kreativ sind. Die potenzialorientierte Sichtweise erkennt das Erfahrungs- und methodische Wissen der älteren Beschäftigten.

Oft werden Migranten als defizitäre Wesen angesehen, insbesondere bei schlechteren Sprachkenntnissen oder Akzent. Allerdings können diese Personen auch bei einem unvollkommenen Deutsch besondere Kompetenzen und Talente besitzen, die für ein Unternehmen von großer Bedeutung sind, z. B. kulturspezifische Kenntnisse in Bezug auf Konsumentenverhalten von Migrantencommunities. Eine potenzialorientierte Perspektive ermöglicht es, die verborgenen Fähigkeiten und Kompetenzen zu erkennen.

5.1.3 Vorbildfunktion der Führungskräfte

Von den Führungskräften aller Ebenen wird erwartet, dass sie die Werte der Unternehmenskultur vorleben, als Vorbilder für die Wertschätzung und Gleichbehandlung aller Mitarbeitenden dienen.

Die Führungskräfte sind in der Kommunikation mit ihren Untergebenen die Vorbilder im Umgang mit der Vielfalt im Alltag. Sie sollten die soziale Zusammensetzung ihrer Gruppe oder Abteilung kennen, jegliche Diskriminierung aufgrund des Alters, kultureller Herkunft oder des Geschlechtes verhindern, Bedürfnisse und Interessen jedes Mitarbeitenden respektieren. Es kann dabei um Barrierefreiheit für Behinderte, um religiöse Zugehörigkeit und Rituale von Personen mit Migrationshintergrund, um die Förderung der Sprachkenntnisse ausländischer Fachkräfte und vieles mehr gehen.

Führungskräfte sind immer die ersten Ansprechpartner für ihre Mitarbeitenden und sollen ständig ein offenes Ohr für ihre vielfältigen Belange und Probleme haben. Die Führenden haben für eine adäquate Kommunikation mit den heterogenen Beschäftigten und einen respektvollen Umgang miteinander zu sorgen.

Durch eine beiläufige abschätzende Bemerkung über „typische Fraueneigenschaften" oder durch eine negative Äußerung zu einem Religionsbrauch kann eine Führungskraft das Vertrauen der Mitarbeitenden aufs Spiel setzen und ihre Gefühle verletzen. Andere Personen werden dadurch ermutigt, sich ähnlich zu verhalten und ebenfalls beleidigende Worte zu äußern. Eine Führungskraft in einer heterogenen Belegschaft braucht eine überdurchschnittliche Sozialkompetenz sowie ein besonders feines Takt- und Fingerspitzengefühl.

5.1.4 Vielfalt in den Führungsetagen

Notwendig ist auch die Förderung der Vielfalt unter den Führungskräften. Frauen in Chefetagen, Manager und Personalverantwortliche mit Migrationshintergrund, Ältere als geschätzte Mentoren erzeugen in Unternehmen eine Signalwirkung. Ihre Erfolgsgeschichten dienen den anderen als Beleg für echte Chancengleichheit und für gelebte Wertschätzung der Vielfalt.

Dem gegenüber steht ein problematisches Phänomen, dem man mit Diversity-Aktivitäten entgegen wirken kann: Oft tendieren Führungskräfte dazu, als Nachfolger Kandidaten auszuwählen, die ihnen besonders ähnlich sind. Dieser Effekt wird als **homosoziale Reproduktion** bezeichnet.

Merke!

Homosoziale Reproduktion beschreibt ein Phänomen, bei dem die Entscheider oft unterbewusst dazu tendieren, Personen zu fördern, bei denen sie Ähnlichkeiten mit sich selbst wahrnehmen.

Die Dominanz weißer, männlicher Führungskräfte mit ähnlichen Bildungsabschlüssen oder auch die Unterrepräsentanz von Frauen in Führungspositionen lassen sich durch dieses Phänomen zumindest teilweise erklären. Führungskräfte bilden in vielen Unternehmen eine relativ homogene Gruppe, die sich durch die Ähnlichkeit in Normen, Werten, Interessen und Fähigkeiten auszeichnet. Die Personalauswahl wird oft bewusst oder unbewusst nach der Gleichheit hinsichtlich Geschlecht oder kultureller Herkunft getroffen.

Ein Unternehmen, das sich den Diversity-Gedanken auf die Fahne geschrieben hat, sollte dafür sorgen, dass die Vielfalt auch (und insbesondere) in den Führungsetagen vorhanden ist. Eine Geschäftsleitung aus Personen beider Geschlechter, verschiedener Hautfarbe, Herkunft und Altersgruppen sorgt für ausgewogene Entscheidungen und hat eine Signalwirkung auf die unteren Hierarchiestufen des Unternehmens.

Es ist angebracht, bereits bei der Zusammensetzung eines Nachfolgerpools für die Vielfalt der Kandidaten zu sorgen, männliche und weibliche High Potentials, Talente mit Migrationshintergrund sowie ausländische Kandidaten zu fördern.

Beispiel: Führungskräftepool für Migranten bei der Deutschen Bahn
Die Deutsche Bahn fördert den Aufbau eines Führungskräftepools für Migranten, etwa durch Potenzialanalysen, die Entwicklung bedarfsgerechter Qualifizierungs- und Karrierepläne, Coaching, Patenschaften, Tutoring-Konzepte sowie Seminare zum Abbau von Fremdenfeindlichkeit (vgl. Köppel 2013b, S. 41).

5.2 Unternehmenskultur und Rahmenbedingungen für Diversity Management

Diversity Management kann nur unter günstigen Rahmenbedingungen zu einer gelebten Realität werden, und die Unternehmenskultur spielt dabei eine zentrale Rolle. Die Vielfalt der Belegschaft führt oft zu Konflikten und Machtumverteilung, greift in die Abläufe und Strukturen ein, stört gewohnte Routinen und Verhältnisse im Unternehmen. Deswegen benötigt Diversity Management eine Einbettung in die kulturellen Werte und Normen einer Organisation.

Kulturebenen	Kulturinhalte	Verankerung von Diversity
Artefakte	Sichtbare Symbole, Rituale, Helden – Erscheinungsbild des Unternehmens	Zielgruppengerechte Kommunikation, heterogene Helden, diversity-konforme Rituale und Routinen im Alltag
Werte und Normen	Bekundete und gelebte Werte, Gebote und Verbote, Regeln	Toleranz, Chancengleichheit, Verbot jeglicher Diskriminierung, Wertschätzung, Respekt, gegenseitiges Vertrauen
Grundannahmen	Unbewusste grundlegende Sinnorientierungen – Menschenbilder, Gerechtigkeit, Verantwortung	Respektvoller Umgang miteinander, Wertschätzung der Andersartigkeit, gleiche Rechte und Chancen für alle

◻ Abb. 5.1 Verankerung von Diversity in der Unternehmenskultur

5.2.1 Verankerung in allen Kulturebenen

Gemäß dem Modell nach E. Schein (1995, S. 30) besteht Unternehmenskultur aus drei Ebenen, die sich gegenseitig beeinflussen: Grundannahmen, Werte und Artefakte.

Die Basis einer Unternehmenskultur – Ebene **Grundannahmen** – besteht aus grundlegenden Sinnorientierungen der Beschäftigten, die tief verankert und meistens unbewusst sind. Beispiele dafür sind Menschenbilder, Sinn des Lebens, Beziehungen zu Natur und anderen Personen.

In der mittleren Ebene der Unternehmenskultur finden sich **Werte und Normen** des Verhaltens im Unternehmen, die bekundet (festgeschrieben) werden, jedoch an der Praxis überprüfbar sind. Nur die gelebten Werte sind wirksam. Diese Ebene ist eher bewusst und kommunizierbar.

Auf der obersten Kulturebene sind die sichtbaren **Artefakte, Symbole und Praktiken** angesiedelt. Sie bilden wahrnehmbare Manifestationen der Unternehmenskultur und ihr Erscheinungsbild.

Diversity Management fließt in alle drei Ebenen ein. ◻ Abb. 5.1

5.2.2 Diversity als Bestandteil von Grundannahmen und Werten

Auf der Ebene der Grundannahmen hat Diversity Management seine tiefe Verwurzelung in **Menschenbildern** (im Sinne eines respektvollen Umgangs miteinander und einer bedingungslosen Wertschätzung der Andersartigkeit) und im Verständnis der **Gerechtigkeit** (gleiche Rechte, gleiche Chancen für alle Menschen).

Von entscheidender Bedeutung ist jedoch die Verankerung des Diversity Management in den Werten und Normen des Unternehmens. Diese sind: Toleranz, Chancengleichheit, Verbot jeglicher Diskriminierung, Wertschätzung und Respekt, gegenseitiges Vertrauen und Unterstützung.

Viele Großunternehmen nennen Diversität in ihren **Grundsätzen** oder erklären es zu einem Bestandteil ihrer Unternehmenskultur.

Beispiel: Diversity in der Unternehmenskultur der BMW Group

Die BMW Group bezeichnet ihre Unternehmenskultur als Basis für Erfolg und definiert ihre drei Grundsätze:

1. Leidenschaft für Höchstleistung. Dem Qualitätsanspruch unserer Fahrzeuge und Dienstleistungen entsprechend pflegen wir eine Hochleistungskultur. Daher suchen wir Mitarbeiterinnen und Mitarbeiter, die Teamgeist und Eigeninitiative mitbringen – sowie den unbedingten Willen, ständig dazuzulernen.

2. Zusammenhalt im Team. Wir wollen uns stets gegenseitig anspornen, noch besser zu werden, noch bessere Produkte anzubieten. Das geht nur mit einem ausgeprägten Teamgeist. Nur in der Sicherheit eines funktionierenden Teams sind kritische Reflexion und selbstkritische Weiterentwicklung möglich. Weil wir uns mit Respekt und Wertschätzung begegnen, verbindet unsere Mitarbeiter ein starkes Wir-Gefühl – die entscheidende Bedingung für den Erfolg. Zufriedene und motivierte Mitarbeiter stellen für uns einen unschätzbaren Wettbewerbsvorteil dar.

3. Chancengleichheit und Vielfalt. Die Mitarbeiter der BMW Group arbeiten in verschiedenen Ländern, auf verschiedenen Kontinenten. Sie sind so bunt gemischt, wie es in unserer globalisierten Welt heute üblich ist. Für uns ist es dabei eine Selbstverständlichkeit, jede Mitarbeiterin und jeden Mitarbeiter unabhängig von Herkunft, Alter und Geschlecht gleichberechtigt zu behandeln und jedem die gleichen Chancen einzuräumen. Die Vielfalt unserer Mitarbeiterinnen und Mitarbeiter sehen wir dabei als eine besondere Stärke der BMW Group. Sie bietet einen Pool von Talenten und Kompetenzen, hilft im Geschäftsalltag unterschiedliche Perspektiven zu integrieren und sichert ein besonderes Innovationspotential. So kann das Unternehmen neue Trends und Themen frühzeitig erkennen, die Vielfalt der Kundenbedürfnisse besser verstehen und in Lösungen umsetzen.

Die zwölf Grundüberzeugungen (Werte), die die Basis der BMW-Unternehmenskultur bilden, sind: Kundenorientierung, Höchstleistung, Verantwortung, Wirksamkeit, Wandlungsfähigkeit, Dissens (Meinungsverschiedenheit), Respekt/Vertrauen/Fairness, Mitarbeiter, Vorbildfunktion der Führungskräfte, Nachhaltigkeit, Gesellschaft und Unabhängigkeit (vgl. BMW 2014).

Allerdings sollten die Bekundungen zur Vielfalt mit Leben gefüllt werden – nur wenn die Führungskräfte und die ganze Belegschaft eine wertschätzende Haltung gegenüber der Vielfalt annehmen, kann Diversity Management langfristig gedeihen.

5.2.3 Widerspiegelung in Artefakten, Symbolen und Praktiken

Die sichtbaren Elemente der Unternehmenskultur – Artefakte, Symbole, Helden, Rituale – sollen die Grundannahmen und Werte der Vielfalt widerspiegeln und kommunizieren. Deswegen ist die Unternehmenskommunikation zielgruppengerecht zu gestalten (z. B. mehrsprachig, in Print- und Digitalform). Werbeplakate und -materialien sollen die Vielfalt der Belegschaft abbilden (Ältere und Jüngere, Männer und Frauen, Personen unterschiedlicher Herkunft darstellen). Die Gestaltung von Gebetsräumen und verschiedene Speisenangebote gemäß religiösen Geboten und Verboten sind weitere Beispiele für diversity-konforme Rituale und Routinen.

Beispiel: Diversity-Kalender und Willkommen-Poster
Ein Diversity-Kalender mit relevanten religiösen und säkularen Gedenk- und Feiertagen aus verschiedenen Kulturen und Religionen kann von praktischer Bedeutung sein, beispielsweise um die Feiertage von Muslimen oder orthodoxen Christen nicht zu vergessen. Zugleich entfaltet er auch eine symbolische Wirkung auf eine heterogene Belegschaft. Plakate, Wandmotive oder Karten mit einem Willkommen-Motiv in vielen Sprachen können ein kleiner aber wirksamer Schritt zu einer Kultur des Willkommens in einem Unternehmen sein. Schon im Prozess der Herstellung können verschiedene Akteure beteiligt werden. Die mehrsprachigen Schriftzüge lassen sich als Postkarten oder Poster bei Einladungen, Veranstaltungen oder als Begrüßung in Büros und Ämtern verwenden. Dabei geht es in erster Linie darum, die real gesprochenen Sprachen und Dialekte der Menschen in einer Organisation oder einem Unternehmen mit dem Wort „Willkommen" zu repräsentieren und Identifikationsmöglichkeiten mit verschiedenen Sprachen zu schaffen (vgl. IQ Fachstelle Diversity Management 2014).

Bei der Implementierung des Diversity Managements sollte man in der gesamten Belegschaft und insbesondere bei den Führungskräften ein **Bewusstsein für Diversität** und ihre Auswirkungen auf die Zusammenarbeit schaffen und damit eine kulturelle Wende anstreben. Erst danach kann die organisatorische Verankerung der Diversity-Aktivitäten und die Maßnahmen für einzelne Belegschaftsgruppen folgen.

5.2.4   **Emotionale Ansprache**

Die Untersuchungen von Köppel (2013b) haben gezeigt, dass Diversity-Manager rationale Argumente mit Zahlen, Daten, Fakten als sehr wichtig einstufen, aber auch Wert auf eine **emotionale Ansprache** legen. Denn das Zusammentreffen mit der Andersartigkeit jeglicher Art ruft Unsicherheiten und Ängste hervor. Eine emotionale Ansprache eignet sich besonders gut, um Widerstände abzubauen und eine gegenseitige Annäherung anzuregen.

In der Kommunikation zum Thema Diversity ist es unerlässlich, persönliche Bezüge herzustellen: Was hat Diversity mit mir zu tun? Welche Vor- und welche Nachteile habe ich davon? Wie zeige ich Wertschätzung?

Darüber hinaus ist die Förderung der **informellen Kommunikation** und **persönlichen Sympathie** notwendig. Dies kann über menschliche Begegnungen verschiedener Art wie Feste, Betriebsausflüge, Events und Sportaktivitäten mit heterogenen Teilnehmern unterstützt werden.

Einige Großunternehmen veranstalten einen Diversity-Tag, der als ein Anlass zur aktiven Beschäftigung mit der Diversität und ein Zeichen der Wertschätzung der Vielfalt dient.

Beispiel: Bosch Diversity Tag
Jährlich findet bei Bosch ein besonderes Fest der Vielfalt statt – Bosch Diversity Tag. Das Unternehmen lädt alle Beschäftigten und zahlreiche Gäste dazu ein, sich mit dem Thema Diversität auseinanderzusetzen. Am „Diversity-Tag" finden an rund 200 Bosch-Standorten weltweit Informationsveranstaltungen, Vorträge, Workshops sowie weitere Aktivitäten zum Thema Vielfalt statt.

Diversity Management bei Bosch ist breit gefächert: Neben der gleichberechtigten Einbindung von Frauen und Männern in Führungsaufgaben geht es uns auch um die Wertschätzung von Mitarbeitenden unterschiedlicher Generationen und Nationalitäten. Zudem wird kontinuierlich an einer Flexibilisierung der Arbeitskultur und guter Vereinbarkeit von Beruf und Privatleben gearbeitet. Ein Wandel weg von der Präsenz- und hin zu einer Ergebniskultur, in der nicht die Anwesenheit, sondern die erzielten Ergebnisse im Mittelpunkt stehen, geht mit dieser Ausrichtung einher (vgl. Bosch 2014).

Die aufgeführten Beispiele belegen, dass die Instrumente des Diversity Managements sehr vielfältig sind und in jedem Unternehmen, unabhängig vom Budget, implementiert werden können. Nicht die Ressourcen, sondern vor allem Engagement und Kreativität der Beteiligten sind für den Erfolg ausschlaggebend.

5.3 Erforderliche Führungskompetenzen und ihre Vermittlung

5.3.1 Kompetenzen für den Umgang mit der Vielfalt

Führungskräfte gestalten ihre Aufgaben hinsichtlich der Ziele der Organisation, darunter auch Diversity-Ziele. Von der Führungskompetenz ist die Leistung der Arbeitsteams und Abteilungen abhängig, aber auch die Arbeitszufriedenheit und Loyalität der Beschäftigten.

Im Unternehmensalltag planen Führungskräfte Arbeitstätigkeiten, entscheiden über die Ressourcenverteilung, schätzen Potenziale und Leistungen der Mitarbeitenden ein, treffen Entscheidungen bezüglich Personalentwicklung. Bei allen diesen Führungsaufgaben ist die Berücksichtigung der Diversität von großer Bedeutung.

Führungskräfte benötigen Diversity-Kompetenz beim Einsatz sämtlicher Führungsinstrumente: In (Jahres-)Mitarbeitergesprächen und Mitarbeiterbeurteilungen, bei der Personalauswahl und dem Personaleinsatz, bei der Führung von heterogenen Teams. In schwierigen Gesprächssituationen, z. B. im Kontext von sexueller Belästigung, Diskriminierung oder Konflikten, sollen die Führenden souverän und diversity-gerecht vorgehen.

Um der Vielfalt der Belegschaft Rechnung zu tragen, benötigen Führungskräfte vielfältige Kompetenzen, die in Anlehnung an die gängigen Kompetenzmodelle (vgl. Becker 2013, S. 10) in Fachkompetenzen (Wissen), Umsetzungsfähigkeiten und -fertigkeiten (Können), Motivation (Wollen) sowie Sollen (Zielsetzung) und Dürfen (Ermöglichung) als organisatorische Rahmenbedingungen gegliedert werden (◻ Tab. 5.1).

Das **Wissen** über Theorien, Modelle, gesetzliche Anforderungen sowie über die Bedeutung, den Stand und die Maßnahmen der Diversität reichen für die Diversity-Kompetenz nicht aus, sondern bilden eine theoretische Basis.

Das auf sozialer Kompetenz aufbauendes **Können** bezieht sich auf die Kommunikationsfähigkeit und -bereitschaft der Führungskraft, sich mit den Belangen verschiedener Belegschaftsgruppen zu beschäftigen, aktiv zuzuhören, Ziele und Maßnahmen zu kommunizieren und in praktischen Instrumenten wie Mitarbeitergespräche und Feedback umzusetzen.

Zu dem **Wollen** als Komponente der Diversity-Kompetenz gehören neben der Sensibilität und Toleranz gegenüber Andersartigkeit auch eine positive Einstellung (Wertschätzung) in Bezug auf Diversität, Bedürfnis nach Gerechtigkeit und die Motivation der Führungskraft, sich mit der Chancengleichheit und Antidiskriminierung aktiv und konstruktiv zu beschäftigen.

Die Aufgabe des Unternehmens ist es, eine explizite Zielsetzung in Bezug auf Diversity zu formulieren, damit die Führungskräfte den Umgang mit der Vielfalt als ihre Aufgabe und ihre Verantwortung verstehen. Zusätzlich sollten Führungskräfte

▣ Tab. 5.1 Komponenten der Diversity-Kompetenz der Führungskräfte

Fachkompetenz (Wissen)	Fähigkeiten und Fertigkeiten (Können)	Motivation (Wollen)	Sollen/Dürfen
Theoretische Grundlagen und Modelle zu Diversity Management; Rechtliche und politische Rahmenbedingungen zu Diversity; Bedeutung und Auswirkungen der Diversität; Betrieblicher Stand der Vielfalt (Belegschaftsstruktur, Netzwerke, Maßnahmen etc.).	Soziale Kompetenz, um die Diskriminierungen und Konflikte rechtzeitig zu erkennen; Offenes Ohr für die Belange der Belegschaftsgruppen; Kommunikationsfähigkeit, um die Ziele und Maßnahmen des Diversity Managements darzustellen; Überzeugungskraft; Kompetenz in Anwendung von Führungsinstrumenten (Mitarbeitergespräche, Feedback).	Sensibilität und Toleranz gegenüber Andersartigkeit; Wertschätzende Wahrnehmung der Vielfalt; Gerechtigkeitsgefühl; Motivation, eigenen Beitrag zu Chancengleichheit und Antidiskriminierung zu leisten.	Expliziter Auftrag seitens des Unternehmens, als Führungskraft die Verantwortung für Diversity zu übernehmen; Verankerung der Diversity-Ziele in den Zielsetzungen des Unternehmens; Organisatorische Unterstützung durch eine Organisationseinheit (Diversity-Stelle).

bei Bedarf Unterstützung von der Diversity-Stelle bekommen (z. B. bei festgefahrenen Konfliktsituationen oder juristischen Problemen).

Das in der Tabelle dargestellte Spektrum an Fähigkeiten, Fertigkeiten und Einstellungen von Führungskräften kann teilweise bereits bei der Besetzung von Führungspositionen als eines der Entscheidungskriterien festgelegt und überprüft werden. Andererseits ist es notwendig und möglich, Diversity-Kompetenz im Rahmen der Führungskräfteentwicklung zu fördern.

5.3.2 Diversity-Trainings

Nach Stuber (2009, S. 160) können zwei Arten von Diversity-Trainings angeboten werden: Bewusstmachungs-Workshops (Awareness-Trainings) und Kompetenz-Ausweitungs-Workshops (Skill-Building-Trainings). Diese Trainings werden je nach Bedarf und der Zielgruppe (Top-Management, Führungskräfte, Diversity-Verantwortliche, alle Mitarbeitenden) durchgeführt.

Awareness-Trainings ermöglichen es, die Unterschiede und Ähnlichkeiten zwischen den Menschen verständlich zu machen. Die vielseitigen Kommunikationsformen, Handlungsmuster und Wertsetzungen in einem Unternehmen werden sichtbar. Es geht in erster Linie um die Sensibilisierung der Beteiligten in Bezug auf die Diversität.

> **Merke!**
>
> **Awareness-Training** verfolgt das Ziel, die Existenz der Vielfalt in einer Organisation zu verdeutlichen und ihre Mitglieder für diese Problematik zu sensibilisieren.

Ein **Awareness-Training** hat folgende Inhalte (vgl. Stuber 2009, S. 160):
- Eigene Werte, Einstellungen und Haltungen und deren Einfluss auf das eigene Verhalten sowie auf das Umfeld werden reflektiert.
- Sensibilisierung für das Vorhandensein von Vielfalt.
- Die Rolle der Andersartigkeit im Arbeitsumfeld und die Benachteiligungen auf derer Basis werden erkannt.
- Kenntnisse über die aktuelle und künftige Zusammensetzung der Belegschaft im Unternehmen werden vermittelt.
- Die Bedeutung des Diversity Managements für den Erfolg und die Wettbewerbsfähigkeit wird thematisiert.

Zusammengefasst, haben Awareness-Trainings zum Ziel, Hintergrundwissen über Diversity und die Notwendigkeit für ein Diversity Management zu vermitteln, die persönliche Einstellung zu Diversity zu reflektieren oder neue Strategien für den eigenen Umgang mit Diversity zu entwickeln.

Im Rahmen von Awareness-Trainings werden vor allem die Kompetenzen aus dem Bereich Wollen gefördert (◼ Tab. 5.1).

Demgegenüber sind Skill-Building-Trainings anwendungsorientiert und zielen auf die Vermittlung von Teilkompetenzen aus den Bereichen Wissen und Können.
◼ Tab. 5.1

> **Merke!**
>
> **Skill-Building-Training** hat das Ziel, konkrete Fähigkeiten für den konstruktiven Umgang mit Diversität zu vermitteln, um die Zusammenarbeit und Führung einer vielfältigen Belegschaft optimal zu gestalten.

Ein **Skill-Building-Training** hat folgende Inhalte (vgl. Stuber 2009, S. 160):
- Die Verbesserung der Kommunikation mit Menschen anderer Kulturen, Religionen, Altersgruppen, sexueller Orientierung, anderen Geschlechts.

▪ Effektive Lösung von Konflikten in diesem Kontext.
▪ Förderung des flexiblen Agierens und der Anpassungsfähigkeit in Bezug auf die sich verändernden Arbeitsbedingungen.
▪ Möglichkeiten der Vermeidung von Diskriminierung.

Die Teilnehmenden werden im Rahmen eines Skill-Building-Trainings in ihrem alltäglichen Umgang mit verschiedenen Belegschaftsgruppen unterstützt und für den praktischen Umgang mit schwierigen Situationen vorbereitet.

Es ist empfehlenswert, das Skill-Building-Training in Kombination mit dem Awareness-Training anzubieten.

5.3.3   Diversity-Trainings in der Praxis

Diversity-Trainings stehen eher noch am Anfang und werden lediglich von Vorreiter-Unternehmen praktiziert. Nach Meinung von Wagner und Voit (2007) besteht jedoch ein fließender Übergang zwischen bereits etablierten interkulturellen Trainings und Diversity-Trainings, sodass viele Unternehmen und Organisationen ihre vorhandenen Angebote und Maßnahmen nur anzupassen und auszuweiten brauchen.

Anhand von Best-Practice-Beispielen können sich andere Unternehmen über die Inhalte und Vorgehensweisen dieser Trainings-Programme informieren und sich von den Vorteilen dieser Maßnahmen überzeugen.

Viele Großunternehmen bieten Diversity-Training für die Führungskräfte als Träger und Vorbilder des Diversity Managements. Dabei geht es um den allgemeinen Umgang mit der Vielfalt, um einzelne Diversity-Dimensionen, um die Probleme und Vorteile der Diversität. Die Dimensionen Geschlecht, Alter, kulturelle Herkunft werden besonders oft thematisiert.

Beispiel: Diversity-Führungskräftetraining bei der BMW Group

2012 wurde bei der BMW Group ein 100-Tage-Business-Coaching-Programm zur Förderung der Diversity-Kompetenz global implementiert. Ziel ist es, die Fähigkeit und die Bereitschaft zur Übernahme einer Führungsposition zu fördern und Wege zur Machbarkeit durch kollektives Bewusstsein für Diversity-Einflussfaktoren in der Unternehmenskultur der BMW Group aufzuzeigen.

Die Methode des 100-Tage-Business-Coaching umfasst Einzel- und Gruppenarbeit, sowohl in Präsenzveranstaltungen als auch in virtuellen Teammeetings. Jede Teilnehmerin und jeder Teilnehmer des Programms wählt unter Beteiligung der disziplinarischen Führungskraft aus sechs möglichen Bausteinen (Lebensziele und Führungsambitionen; Vereinbarkeit von Berufs- und Privatleben; Erfolgreicher Umgang mit unterschiedlichen Kulturen; Nutzen von Ritualen, Netzwerken und Communities; Innere Bilder und eigenes Verhalten; Authentische Kommunikation und Auftreten) zwei Bausteine aus, mit denen er/sie sich in den nächsten

Monaten aktiv auseinandersetzen möchte. Im Anschluss daran erfolgt die Auswahl eines geeigneten Coaches, mit dem bei einem ersten Treffen der Ausgangspunkt in Bezug auf die ausgewählten Bausteine besprochen und eine Zielvereinbarung abgeschlossen wird. 2012 haben an dem Training über 200 Mitarbeiter aus Deutschland, Japan, Malaysia und Singapur teilgenommen, der Frauenanteil lag bei ca. 50 Prozent (vgl. DGFP 2014a).

Einige Unternehmen bieten Diversity-Training nicht nur für die Führungskräfte, sondern auch für alle Mitarbeitenden an. Schließlich geht es im Diversity Management neben einer diversity-gerechten Führung auch um das alltägliche Miteinander in Unternehmen.

Beispiel: Verpflichtende Diversity-Trainings bei der Ford-Werke GmbH

Von besonderer Bedeutung bei der Umsetzung der Diversity-Strategie ist die bereits im Jahr 2002 geschlossene Betriebsvereinbarung „Partnerschaftliches Verhalten am Arbeitsplatz", welche einen verbindlichen Verhaltenskodex darstellt. Zudem gibt es im Unternehmen für alle Mitarbeiterinnen und Mitarbeiter ein verpflichtendes Diversity-Training, das dazu beitragen soll, Diskriminierung zu verhindern und entsprechende Regeln zu kommunizieren. Eine Weiterentwicklung dieser Maßnahme ist das „Next Generation Diversity Training", das vor allem das Arbeiten in vielfältigen Teams thematisiert (vgl. DGFP 2014b).

Die Förderung der Diversity-Kompetenz bei Führungskräften und eventuell bei allen Beschäftigten sorgt für mehr Akzeptanz von und einen fundierten, kompetenten Umgang mit Diversity. Neben diesem Faktor spielt für Unternehmen und Organisationen ein weiteres Argument für Diversity Management eine wichtige Rolle – Business Case der Diversität.

5.4 Lern-Kontrolle

Kurz und bündig
Führungskräfte als Gestalter, Vorbilder und Verantwortliche für Diversity Management.
Diversity Management ist eine Führungsaufgabe, die auf der strategischen Ebene von dem Top-Management initiiert und gestaltet und von den mittleren und unteren Führungskräften im Unternehmensalltag vorangetrieben wird. Führungskräfte tragen Verantwortung für Visionen und Strategien im Umgang mit Diversität, sorgen für organisatorische Verankerung und notwendige Ressourcen für Diversity Management.

Auf der operativen Ebene werden von den Führungskräften verschiedene Instrumente eingesetzt, um die Vielfalt zu fördern. Dazu gehören positive Diskriminierung, die den benachteiligten Gruppen bestimmte Vorzüge gibt (z. B. Frauenquoten), und eine potenzialorientierte (statt defizitorientierte) Wahrnehmung der Vielfalt, die Vorteile verschiedener Belegschaftsgruppen erkennt.

Weiterhin wird von den Führungskräften im Kontext des Diversity Managements erwartet, dass sie als Vorbilder im Umgang mit Vielfalt dienen, sensibel und wertschätzend mit Andersartigkeit umgehen und jegliche Benachteiligungen unterbinden.

Als unterstützende Bedingung für Diversity Management sollte eine Unternehmenskultur gestaltet werden, die Offenheit, Toleranz, gegenseitiges Vertrauen, Chancengerechtigkeit und Antidiskriminierung fordert und fördert.

Diversity Management beeinflusst sämtliche Führungsinstrumente und erfordert von den Führenden eine spezifische Diversity-Kompetenz. Diese Kompetenz ergibt sich aus den Komponenten Wissen, Können und Wollen. Fachliches Wissen über Konzepte der Diversität, gesetzliche und politische Rahmenbedingungen soll durch Umsetzungskompetenzen (soziale und Kommunikationskompetenzen) sowie durch Toleranz, Wertschätzung der Vielfalt und Motivation, Chancengleichheit und Antidiskriminierung zu realisieren, ergänzt werden.

Diversity-Kompetenz kann in speziellen Trainings gefördert werden – Awareness- und Skill-Building-Training. Awareness-Training verfolgt das Ziel, die Existenz der Vielfalt in einer Organisation zu verdeutlichen und ihre Mitglieder für diese Problematik zu sensibilisieren. Skill-Building-Training hat das Ziel, konkrete Fähigkeiten für den konstruktiven Umgang mit Diversität zu vermitteln, um die Zusammenarbeit und Führung einer vielfältigen Belegschaft optimal zu gestalten.

Best-Practice-Beispiele einiger Großunternehmen zeigen, dass diese Trainings meistens für die Führungskräfte angeboten werden, um sie in ihrer Vorbild-Rolle für einen konstruktiven Umgang mit Diversität zu schulen. Allerdings gibt es Unternehmen, die die ganze Belegschaft in Bezug auf den Umgang mit Vielfalt fördern.

🕐 Let's check

1. Welche Rolle spielen Top Manager und Führungskräfte eines Unternehmens für die Gestaltung des Diversity Managements?
2. Wie können Führungskräfte ihre Rolle als Vorbilder effektiv spielen?
3. Was versteht man unter positiver Diskriminierung?
4. Wie kann Diversity in der Unternehmenskultur verankert werden?
5. Welche Kompetenzen gehören zu der Diversity-Kompetenz?
6. Wie kann Diversity-Kompetenz vermittelt werden?
7. Inwiefern unterscheiden sich Awareness-und Skill-Building-Training?

❓ Vernetzende Aufgaben

Es wird häufig über die mangelnde Vielfalt in den Führungsetagen der deutschen Unternehmen diskutiert. Wie ist Ihre persönliche Meinung dazu – braucht man mehr Frauen und Menschen mit Migrationshintergrund im Top-Management?

ℹ️ Lesen und Vertiefen

- DGFP (Hrsg.). (2014a). Good Practice-Beispiel 21. Diversity bei der BMW Group: Globaler Fokus – lokale Rahmenbedingungen. ▶ http://www.dgfp.de/aktuelles/vielfalt-bereichert-unternehmen-beitrag-der-dgfp-zum-2-deutschen-diversity-tag/vielfalt-bereichert-unternehmen-good-practice. Zugegriffen: 3. Juni 2014.

- DGFP (Hrsg.). (2014b). Good Practice-Beispiel 11. Diversity bei der Ford-Werke GmbH. ► http://www.dgfp.de/aktuelles/vielfalt-bereichert-unternehmen-beitrag-der-dgfp-zum-2-deutschen-diversity-tag/vielfalt-bereichert-unternehmen-good-practice. Zugegriffen: 3. Juni 2014.

Auf der Website der Deutschen Gesellschaft für Personalführung finden Sie viele interessante Best-Practice-Beispiele für die Führungspraxis im Rahmen des Diversity Managements. Insbesondere die international agierenden Automobilhersteller wie BMW oder Ford zeichnen sich durch vielfältige Aktivitäten auf diesem Gebiet.

Literatur

Amstutz, N., & Müller, C. (2013). Diversity Management. In T. Steiger, & E. Lippmann (Hrsg.), *Handbuch Angewandte Psychologie für Führungskräfte* (S. 360–382). Berlin, Heidelberg: Springer.

Becker, M. (2013). *Personalentwicklung. Bildung, Förderung und Organisationsentwicklung in Theorie und Praxis.* Stuttgart: Schäffer-Poeschel.

BMW Group (2014). *Einzigartige Unternehmenskultur.* http://www.bmwgroup.com/com/de/ karriere/arbeiten-in-der-bmw-group/unternehmenskultur/index.html. Zugegriffen: 3. Juni 2014

Bosch (2014). *Vielfalt ist unser Vorteil.* http://www.bosch.com/de/com/sustainability/ associates/diversity/diversity.php. Zugegriffen: 3. Juni 2014

Charta der Vielfalt (2014). *Über die Charta.* http://www.charta-der-vielfalt.de/charta-der-vielfalt/ueber-die-charta.html. Zugegriffen: 27. April 2014

DGFP (2014a). *Good Practice-Beispiel 21. Diversity bei der BMW Group: Globaler Fokus – lokale Rahmenbedingungen.* http://www.dgfp.de/aktuelles/vielfalt-bereichert-unternehmen-beitrag-der-dgfp-zum-2-deutschen-diversity-tag/vielfalt-bereichert-unternehmen-good-practice. Zugegriffen: 3. Juni 2014

DGFP (2014b). *Good Practice-Beispiel 11. Diversity bei der Ford-Werke GmbH.* http://www.dgfp.de/aktuelles/vielfalt-bereichert-unternehmen-beitrag-der-dgfp-zum-2-deutschen-diversity-tag/vielfalt-bereichert-unternehmen-good-practice. Zugegriffen: 3. Juni 2014

IQ Fachstelle Diversity Management (Hrsg.). (2014). http://www.vielfalt-gestalten.de/service/ materialien-und-links.html. Zugegriffen: 3. Juni 2014.

Köppel, P. (2013b). Spektrum der Kulturen. Ungenutztes Potenzial. *Wirtschaftspsychologie aktuell,* (4), 36–41.

Schein, E. H. (1995). *Organisationskultur.* Frankfurt: Campus.

Stuber, M. (2009). *Diversity. Das Potenzial-Prinzip.* Köln: Luchterhand.

Wagner, D., & Voigt, B.-F. (Hrsg.). (2007). *Diversity-Management als Leitbild von Personalpolitik.* Wiesbaden: Deutscher Universitäts-Verlag.

Business Case der Diversität

Swetlana Franken

S. Franken, *Personal: Diversity Management,* Studienwissen kompakt,
DOI 10.1007/978-3-658-06797-7_6, © Springer Fachmedien Wiesbaden 2015

Lern-Agenda

Über Business Case von Diversity und Diversity Management wird breit und kontrovers diskutiert: Während Befürworter davon ausgehen, dass Diversity Management einen positiven Einfluss auf den Erfolg eines Unternehmens hat, bezweifeln Kritiker diese Annahme und verweisen auf Kommunikationsprobleme und Konflikte in gemischten Arbeitsgruppen und Belegschaften. Es ist schwierig, die eine oder die andere Position zu untermauern, da die Zusammenhänge zwischen den Diversity-Maßnahmen und den wirtschaftlichen Erfolgskennzahlen nur begrenzt nachweisbar sind.

Allerdings belegen einige Studien, die sich mit den Auswirkungen von Gender- und Ethnic-Diversity auf den Erfolg beschäftigen, dass gemischte Entscheidungsgremien und Arbeitsteams tendenziell effektiver und innovativer sind, insbesondere wenn es sich um komplexe Aufgaben handelt, die spezifische Kompetenzen erfordern.

In diesem Kapitel werden Sie erfahren, inwiefern und wie man Chancen und Risiken der Vielfalt quantifizieren sowie Kosten und Nutzen von Diversity-Aktivitäten berechnen kann(siehe Tabelle).

Business Case von Diversity und Diversity Management

– Steigende Bedeutung wirtschaftlicher Betrachtung der Diversität aufgrund verschiedener Faktoren. Schwierigkeiten bei der Quantifizierung von Kosten und Nutzen. Studien zu den Auswirkungen der Diversität auf die Unternehmensergebnisse.	Möglichkeiten und Grenzen der Quantifizierung von Kosten und Nutzen	▶ Abschn. 6.1
– Negative Auswirkungen der Vielfalt in Arbeitsgruppen und Belegschaften. Kosten für Diversity Management in Unternehmen.	Nachteile und Kosten der Diversität	▶ Abschn. 6.2
– Vorteile der Vielfalt, wirtschaftlicher und sozialer Nutzen der Diversität und des Diversity Managements in Unternehmen.	Vorteile und Nutzen der Diversität	▶ Abschn. 6.3
– Chancen und Grenzen der Wirtschaftlichkeitsanalyse der Vielfalt. Kritische Würdigung des Business Case der Diversität.	Kritik am Business Case der Diversität	▶ Abschn. 6.4

6.1 Möglichkeiten und Grenzen der Quantifizierung von Kosten und Nutzen

6.1.1 Steigende Bedeutung der wirtschaftlichen Betrachtung der Diversität

Die Sicht auf die Diversity-Aktivitäten hat sich in den vergangenen Jahren geändert: Diente der Diversity-Gedanke zuerst überwiegend der Vermeidung der Diskriminierung und der Gewährleistung der Chancengleichheit, so steht heute für viele Unternehmen die Fragen des wirtschaftlichen Nutzens der Vielfalt im Vordergrund.

Dieser Wandel ist auf mehrere Ursachen zurückzuführen: die Aspekte der Wirtschaftlichkeit sind für unternehmerische Entscheidungen grundsätzlich am wichtigsten.

Unternehmen und Organisationen werden durch die Auswirkungen des Fachkräftemangels und der zunehmenden globalen Konkurrenz gezwungen, an ihrem Image als Arbeitgeber und ihrer Wettbewerbsfähigkeit verstärkt zu arbeiten.

Es liegen einige Studien vor, die die Vorteile der Vielfalt belegen und damit eine Motivation bei Entscheidungsträgern schaffen, sich diese Vorteile zunutze zu machen.

Es ist wichtig, zwischen zwei Fragestellungen zu unterscheiden: der Frage nach den positiven/negativen Auswirkungen der Vielfalt auf der einen und der Frage nach der Wirtschaftlichkeit von Diversity Management auf der anderen Seite.

Die Frage nach den **Auswirkungen der Diversität auf die Teamleistung** wird in der Forschung kontrovers beantwortet, da sich gemischte Gruppen sowohl durch Probleme und Leistungseinbußen als auch durch höhere Problemlösungskompetenz und Kreativität auszeichnen. Die Nach- und Vorteile gleichen sich aus, der Erfolg hängt vom Management der Vielfalt ab (vgl. Köppel 2007, Schneid et al. 2014). Die **soziale Kategorisierung** und Bildung **von In- und Out-Groups** in gemischten Teams führt zu vermehrten Spannungen und Konflikten in der Zusammenarbeit, erschwert die Kommunikation und wirkt sich negativ auf die Arbeitsergebnisse aus. Andererseits können heterogene Teams zur Aufgabenerfüllung aus einem größeren Pool kognitiver Ressourcen schöpfen und besitzen so ein größeres Potenzial für **Synergieeffekte**. Je komplexer die Arbeitsaufgabe, desto sinnvoller ist eine heterogene Zusammensetzung der Gruppe, da für die Lösung die Integration verschiedener Informationen und Sichtweisen nötig ist (vgl. Schneid et al. 2014, S. 186–188).

Die Frage nach der **Wirtschaftlichkeit des Diversity Managements** ist anders ausgerichtet, hier werden Kosten und Nutzen von Diversity-Maßnahmen gegenüber gestellt. Wie jede Investition, sollen die Aufwendungen für Diversity Management hinsichtlich ihrer Wirtschaftlichkeit überprüft werden.

Laut der von der Europäischen Kommission in Auftrag gegebenen Studie „Methoden und Indikatoren für die Messung der Wirtschaftlichkeit von Maßnahmen im Zusammenhang mit der personellen Vielfalt in Unternehmen" befassen nur 30 Prozent der Unternehmen in Europa, die Diversity Management praktizieren, mit der Evaluation von Diversity-Maßnahmen (vgl. Mensi-Klarbach 2012). Mit der Studie hat die Europäische Kommission das Ziel verfolgt, ein Nachschlagewerk zu erarbeiten, das es Unternehmen erleichtern sollte, Kosten und Nutzen von Diversität zu analysieren und zu berechnen, um die Wirtschaftlichkeit ihres Diversity Managements zu überprüfen.

Als Kernfrage stellt sich dabei das **Kosten-Nutzen-Verhältnis** von Maßnahmen in Bezug auf die Personalvielfalt in Unternehmen. Ohne eine fundierte Analyse von Kosten und Nutzen des Diversity Managements lassen sich die Vorteile und Auswirkungen der Mitarbeitervielfalt nicht glaubwürdig darstellen.

Viele Unternehmen weisen darauf hin, dass die Schwierigkeit im Umgang mit Vielfalt und Nichtdiskriminierung in der Messung der Ergebnisse liegt. In dieser Hinsicht besteht Aufholbedarf, zumal „what gets measured gets done" als handlungsleitend gelten kann (vgl. Mensi-Klarbach 2012).

> ❯ **Auf den Punkt gebracht: Für eine nachhaltige Implementierung von Diversity Management in Unternehmen und Organisationen ist eine wirtschaftliche Betrachtung der Diversität in Form einer Kosten-Nutzen-Analyse unentbehrlich.**

6.1.2   Probleme der Quantifizierung

Allerdings ist es problematisch bis unmöglich, Vorteile für das Unternehmen direkt auf Aufwendungen für die Durchführung von Maßnahmen des Diversity Managements zurückzuführen. Selbst bei kurz- oder mittelfristigen Verbesserungen der Erfolgskennzahlen ist es wahrscheinlich, dass es sich bei Diversity-Maßnahmen nur um einen aus einer ganzen Reihe von Faktoren handelt, die zu einer verbesserten Leistung beigetragen haben.

Eine höhere Produktivität als Ergebnis einer besseren Mitarbeitermotivation und Loyalität kann beispielsweise das Ergebnis von Veränderungen in der Arbeitsorganisation, des Einsatzes neuer Technologien oder aber der Einführung von speziellen Instrumenten zur Vermeidung der Diskriminierung oder Förderung von einzelnen Belegschaftsgruppen in Unternehmen sein.

Diese Probleme werden noch größer, wenn der Versuch unternommen wird, Aufwendungen im Bereich Vielfalt mit Veränderungen der Leistung auf der Ebene der obersten Führungsschicht in Bezug zu setzen, d. h. in Verhältnis zu Rentabilität, Cashflow, Aktienwert, Gesamtkapitalrentabilität usw. In einem Unternehmen desverarbeitenden Gewerbes können beispielsweise Schwankungen in der jährlichen Rentabilität stark durch Faktoren wie Rohstoffpreise, Auslastung der vorhandenen Kapazitäten und Verbrauchernachfrage beeinflusst werden. Die Auswirkungen von Aufwendungen im Bereich Diversity sind vom Ausmaß her beschränkt und in dieser Situation schwer zu erfassen (vgl. EK 2003, S. 21).

> 🔊 Auf den Punkt gebracht: Die Kosten von Diversity-Maßnahmen können eher geschätzt oder berechnet werden, während die Quantifizierung des Nutzens besonders problematisch ist.

6.2 Nachteile der Diversität und Kosten von Diversity-Maßnahmen

Wie bereits erläutert (▶ Abschn. 6.1.1) kann es im Fall von heterogenen Arbeitsgruppen und Unternehmensbelegschaften zu Kommunikationsproblemen und Konflikten kommen, daraus resultieren eine geringere **Gruppenkohäsion** und **niedrigere Arbeitsproduktivität**. Diese Probleme führen zu schlechteren Arbeitsergebnissen, wie geringere Umsätze, höhere Produktionskosten, verminderte Qualität und Kundenzufriedenheit.

Untersuchungen von Köppel zu multikulturellen Teams (2007, S. 98 f.) beweisen, dass die durch gegenseitige Stereotype vorhandenen Erwartungen der Teammitglieder oft zu Wahrnehmungsfehlern, Konflikten sowie zur Bildung von kulturellen Subgruppen und zu Diskriminierungen führen. Als Folge ergeben sich gestörte Kommunikation, Unzufriedenheit und schlechte Gruppenleistungen.

Um diesen Nachteilen vorzubeugen, braucht man spezielle Diversity-Maßnahmen, die zeit- und kostenaufwändig sind. Den Wandel der Unternehmenskultur, eine Gleichbehandlung am Arbeitsplatz sowie gezielte organisatorische Maßnahmen zur Unterstützung der Diversität gibt es nicht zu Nulltarif.

Die Europäische Kommission (vgl. EK 2003, S. 27 ff.) definiert vier Gruppen von Kosten im Zusammenhang mit Diversität:

- Kosten im Zusammenhang mit dem Einhalten der Rechtsvorschriften,
- direkte betriebliche Kosten,
- Opportunitätskosten,
- erhöhte Geschäftsrisiken.

6.2.1 Kosten für das Einhalten der Rechtsvorschriften

Beim Einhalten neuer einzelstaatlicher Antidiskriminierungsvorschriften auf der Grundlage der EU-Richtlinien fallen spezifische Kosten an. Im Rahmen einer europäischen Befragung von Unternehmen und Wirtschaftsverbänden wurden die Bestandteile dieser Kosten identifiziert: Anlegen und Pflege neuer Nachweissysteme im Personalbereich, Qualifizierung der Mitarbeiter im Personalbereich (insbesondere Personaleinstellung und -entwicklung) sowie Festlegung neuer Personalstrategien zu den Problemkreisen Belästigung am Arbeitsplatz, Einstellung und Qualifizierung (vgl. EK 2003, S. 28).

6.2.2 Direkte Kosten

Auf Unternehmen kommen in Verbindung mit Diversity-Maßnahmen verschiedene direkte betriebliche Kosten zu. Es handelt sich sowohl um einmalig auftretende und eher kurzfristige Kosten, als auch um langfristige und wiederkehrende Aufwendungen. Diese Kosten entstehen über den gesamten Zeitraum der Umsetzung des Diversity-Konzepts und werden erst dann geringer, wenn sich zeigt, dass ein Wandel der Unternehmenskultur eingetreten ist. Die wichtigsten direkten betrieblichen Kosten lassen sich wie folgt darstellen (vgl. EK 2003, S. 29–30):

Einsatz von Fachkräften: Bei der Umsetzung von Maßnahmen im Zusammenhang mit der Mitarbeitervielfalt richten viele Unternehmen spezielle Stellen ein, denen Kontroll- und Unterstützungsaufgaben übertragen werden. Diese Einheiten können in der Personalabteilung oder im geschäftlichen Bereich angesiedelt sein. Die Ausgaben für die entsprechenden Mitarbeiter sind wiederkehrende Kosten, sie fallen also während der gesamten Umsetzungsperiode an.

Aus- und Weiterbildungsmaßnahmen: Dies ist eine notwendige wiederkehrende Kostenposition. Die Diversity-Denkweise der Führungskräfte und Mitarbeiter soll gefördert werden. Alte und neue Mitarbeiter brauchen neue Fertigkeiten, und schließlich müssen alle Mitarbeiter über neue Ziele, Strategien und Konzepte des Unternehmens informiert werden. Die Ausgaben für Bildungskosten entstehen insbesondere zu Beginn des Veränderungsprozesses in Richtung der Wertschätzung der Vielfalt.

Bereitstellung von Einrichtungen und Unterstützung: In Abhängigkeit von den Zielen des jeweiligen Programms im Bereich Vielfalt können weitere spezielle Einrichtungen und Unterstützungsleistungen erforderlich werden. Soll beispielsweise eine größere Anzahl von Beschäftigten mit Behinderungen eingestellt werden, so sind dafür möglicherweise Aufwendungen für spezielle behindertengerechte Einrichtungen (z. B. Barrierefreiheit) und Unterstützungsleistungen erforderlich.

Arbeitsbedingungen und gewährte Leistungen: Um Mitarbeiter mit unterschiedlichem Hintergrund für das Unternehmen zu gewinnen unddauerhaft zu beschäftigen, müssen viele Unternehmen Änderungen an den bestehenden Arbeitsverträgen, den gewährten Leistungen und den Arbeitsbedingungen vornehmen. Mit diesen Veränderungen entstehen Zusatzkosten in signifikanter Höhe, die kontinuierlich anfallen. So wird z. B. eine Erhöhung der Anzahl von Schwulen und Lesben im Unternehmen Änderungen bei den Renten- und ähnlichen Leistungen erfordern. Ein weiteres Beispiel betrifft verbesserte medizinische Leistungen und umgestaltete Urlaubsangebote für ältere Mitarbeiter.

Aufklärung: Während des gesamten Zeitraums der Umsetzung von Maßnahmen des Diversity Managements gibt es einen ständigen Bedarf an interaktiver Kommunikation mit allen Beschäftigten. Kommunikation und Aufklärungsarbeit erhalten die

Loyalität und fördern Engagement, Problembewusstsein und weitere Erfolge. Zu den mit diesem Bereich verbundenen Kosten gehören Kosten für die Informationstechnologie, die Produktion von Broschüren und Materialien, die Nutzung von Einrichtungen und für zusätzliches Personal.

Belegschaftsbezogene Maßnahmen: Zu Beginn des Umsetzungsprozesses legen die meisten Unternehmen neue belegschaftsbezogene Maßnahmen fest. Darin werden neue, gemeinsam getragene Ziele und akzeptable (underwartete) Verhaltensweisen in Bereichen, die eine bedeutende Auswirkung auf das Arbeitsumfeld haben, festgelegt. Neue Strategien können auch für die Personalentwicklung und -qualifizierung notwendig werden. Die mit der Entwicklung und Umsetzung neuer Maßnahmen verbundenen Kosten fallenvorwiegend zu Beginn des Umsetzungszeitraums an. Das sind die zeitlichen Aufwendungen der Führungskräfte für die Erarbeitung neuer Strategien sowie Reproduktions- und Verteilungskosten.

Überwachung und Berichterstattung: Sobald der Prozess der Umsetzung begonnen hat, setzen die meisten Unternehmen eine bestimmte Form von Überwachung und Berichterstattung in Gang. Damit wird der erreichte Fortschritt anhand der Projektziele gemessen, und das Management erhält wichtige Informationen zur eventuellen Anpassung des Umsetzungsplans. Die Einrichtung und Aufrechterhaltung dieses Prozesses erfordert zusätzliche Aufwendungen für Informationsverarbeitung, Mitarbeitende und technischer Ausstattung. Obwohl die Einrichtungskosten vorwiegend zu Beginn des Umsetzungszeitraums anfallen, treten die Betriebskosten für das Systeminnerhalb des gesamten Umsetzungszeitraums auf.

6.2.3 Opportunitätskosten

Unter **Opportunitätskosten** wird entgangener Nutzen verstanden, der dadurch entsteht, dass eine knappe Ressource nicht für andere produktive Tätigkeiten eingesetzt werden kann. Obwohl es sich dabei nicht um direkte Kosten handelt, sind sie doch von beträchtlicher Bedeutung, vor allem für KMUs. Es ist gute Praxis bei allen Investitionsentscheidungen, darunter auch bei einem Projekt zur Einführung von Diversity Management, einen Betrag für Opportunitätskosten anzusetzen und diese in Rechnung zu stellen, wenn bei einer Investitionsmöglichkeit eine Kosten-Nutzen-Gesamtbilanz gezogen wird.

Aus den Ergebnissen der von der EK untersuchten Unternehmen geht hervor, dass Aufwendungen in Sachen Mitarbeitervielfalt unterschiedliche Opportunitätskostenentstehen lassen. Dazu gehören (vgl. EK 2003, S. 30–31):

Der von der Unternehmensleitung auf diesen Bereich umgelenkte Zeitaufwand: Eine wirksame Umsetzung eines dauerhaften Programms im Umgang mit Diversität erfordert einen beträchtlichen Einsatz durch Führungskräfte der obersten Ebene. Engagement und Zeitaufwand seitens dieses Personenkreises sind erforderlich, um den Wandel vorzubereiten, ein Unternehmen in eine neue Richtung zu lenken, Hindernisse zu überwinden und das Engagement aufrecht zu erhalten. Hochqualifizierte Manager sind knapp und ihre Zeit folglich wertvoll. Dies ist ein besonderes Problem in KMU, wo die Anzahl der Führungskräfte mit entsprechender Erfahrung geringer ist als in Großunternehmen.

Der von den Führungskräften der anderen Ebenen auf diesen Bereich umgelenkte Zeitaufwand: Maßnahmen des Diversity Management sind in erster Linie eine Führungsaufgabe, deswegen bedürfen sie nicht nur beträchtlicher Unterstützung seitens der obersten Führungsebene, sondern von den Führungskräften auf allen Ebenen und in allen Funktionen. Die Beteiligung dieser Personen an Programmen zur Förderung von Vielfalt schmälert die Zeit, die für andere Aufgaben zur Verfügung steht.

Produktivitätseinbußen: In einigen Unternehmen, insbesondere in den kleineren, kann die Einstellung neuer Mitarbeitenden kurzfristig negative Auswirkungen auf die Produktivität haben, da die Neulinge möglicherweise ein geringeres Wissen und weniger Erfahrung als die bereits im Unternehmen beschäftigten haben und häufig eine Zusatzschulung benötigen, um die erwarteten Produktivitätsvorgaben zu erreichen. Unterstützung müssen auch die bereits im Unternehmen Beschäftigten mit ihren Erfahrungen leisten, was zu einer weiteren Minderung der Produktivität führt. Diese Einbußen dürften jedoch längerfristig durch ein größeres Engagement und eine bessere Leistung wieder ausgeglichen werden. Großunternehmen verfügen über die notwendigen Mittel, um die durch Produktivitätseinbußen entstehenden Kosten zu finanzieren, und können kurzfristige Effizienzminderungen verkraften. Bei den KMU dagegen sind diese Probleme besonders akut, weil sie nicht über die finanziellen Mittel verfügen, zusätzliche Mitarbeitende zur Unterstützung einzusetzen, die bei der Bewältigung vorübergehender Produktivitätseinbrüche mitwirken.

6.2.4   Erhöhte Geschäftsrisiken

Wie die Realität zeigt, erfordern viele Programme, die zur Umstrukturierung von Unternehmen gedacht sind oder die Unternehmenskultur verändern sollen, für ihre Umsetzung mehr Zeit als geplant oder scheitern ganz. Dieses Ausführungsrisiko ist in den Unternehmen weitgehend bekannt. Dauerhafte Maßnahmen zur Förderung der Vielfalt sind Ergebnis eines erfolgreichen Wandels der Unternehmenskultur. Diesbezügliche Aufwendungen können deshalb zusätzliche Geschäftsrisiken verursachen.

Programme zur Umgestaltung der Unternehmenskultur können wegen komplexer Hemmnisse, die in den Unternehmen im Laufe des Veränderungsprozesses überwunden werden müssen, scheitern oder begrenztere Auswirkungen als geplant haben. Manche Unternehmen haben nicht die finanziellen Mittel oder verfügen nicht über den Sachverstand, um Programme für eine Veränderung der Unternehmenskultur erfolgreich umsetzen zu können. Möglicherweise bedroht die Einführung einer neuen

Kultur traditionelle Macht- und Autoritätsstrukturen. Aus dieser Konstellation kann sich eine Opposition gegen den angestrebten Wandel bei wichtigen Gruppen, wie z. B. dem mittleren Management, ergeben. Wichtige Akteure im Unternehmen können gegenüber der Notwendigkeit eines Wandels skeptisch bleiben. Diese und andere Faktoren erschweren es den Unternehmen oft in erheblichem Maße, einmal eingeführte Unternehmenswerte und Denkweisen zu verändern (vgl. EK 2003, S. 31–32).

6.3 Vorteile und Nutzen der Diversität

Eine vielfältige Belegschaft beeinflusst die Prozesse der Wahrnehmung der Unternehmensumwelt und die Anpassungsfähigkeit des Unternehmens und stellt die Unternehmensführung auf eine qualitativ neue Basis. Diese Auswirkungen spiegeln sich in folgenden Aspekten wider: bessere Wahrnehmung von Kundenbedürfnissen, Märkten und Entwicklungstrends, besserer Kundenservice, positiveres Image als Arbeitgeber, höhere Veränderungs- und Lernbereitschaft des Unternehmens.

Deswegen setzen vorausschauende Führungskräfte auf Vielfalt – mehr Frauen, mehr Mitarbeitende mit Migrationshintergrund, mehr Generationen und Altersgruppen. Denn nur so baut sich ein Unternehmen eine Belegschaftsstruktur auf, die über verschiedene Erfahrungen verfügt, neue Gewichtungen setzt sowie wertvolle Impulse bietet. Und das wirkt sich positiv auf die Entwicklung der Unternehmensstrategie und des Betriebsklimas aus.

Der **wirtschaftliche Nutzen** der Diversität in Unternehmen und Organisationen kann nicht direkt beziffert, sondern nur qualitativ beschrieben werden. Er setzt sich aus folgenden Auswirkungen zusammen (vgl. Amstutz und Müller 2013, Franken 2011):

- Ausgewogene Entscheidungsfindung und Unternehmensführung durch heterogene Gremien, Verbesserung der Teamentwicklung und Gremienarbeit,
- höhere Effizienz bei internationalen und interkulturellen Aktivitäten durch die Nutzung spezifischer Kulturkompetenzen,
- Verbesserung von Marketing und Kundenorientierung durch Einbezug von Diversity in die Marketingplanung und Erweiterung der Absatzmärkte,
- Steigerung der Kreativität und Innovationsfähigkeit durch individuelle Förderung von Talenten und Intensivierung des gegenseitigen Lernens und Wissensaustauschs,
- Höhere Motivation, Arbeitszufriedenheit, Identifikation und besseres Betriebsklima, folglich stärkere Personalbindung und geringere Fluktuation,
- Vorteile bei der Gewinnung qualifizierten Personals und Verbesserung des Arbeitgeberimage vor dem Hintergrund des Fachkräftemangels.

Diese Auswirkungen der Diversität werden im Weiteren detailliert betrachtet.

6.3.1   Ausgewogene Entscheidungsfindung und Unternehmensführung, Verbesserung der Team- und Gremienarbeit

Mehr Diversität in Entscheidungsgremien und Führungsteams führt zu **qualitativ besseren Entscheidungen** und **effizienteren Strategien**, was durch die generellen Vorteile der kollektiven Intelligenz begründbar ist.

> ⊗ Auf den Punkt gebracht: In gemischten Gruppen fallen die Entscheidungen aufgrund vielfältigen Sichtweisen und Perspektiven ausgewogener aus, Risikofaktoren verschiedener Strategien werden genauer überprüft. Kritische und offene Diskussionen bezüglich der Problemlösung stimulieren kreatives Denken und wirken sich positiv auf die Zufriedenheit und den Gruppenzusammenhalt aus.

Besteht ein Top-Management-Team aus Männern und Frauen, so kommen verschiedene Vorgehensweisen und Entscheidungsmethoden ins Spiel. Den Frauen in Führungspositionen wird beispielsweise ein höheres **Risikobewusstsein** zugeschrieben, was im Falle gemischter Entscheidungsgremien zu mehr **Nachhaltigkeit** und Vorsicht in der Unternehmensführung beitragen kann. Einige Studien belegen, dass die Beteiligung von Frauen an Unternehmensentscheidungen (in Vorständen oder Aufsichtsräten) den Erfolg positiv beeinflussen kann.

Hintergrund: Studienergebnisse zu Frauen in Entscheidungspositionen
Eine Studie von European Diversity Research 2009 hat ergeben, dass die **Eigenkapitalquote** bei Unternehmen mit hoher Frauenquote in Führungspositionen um 35 Prozent höher ist, als bei geringerer Frauenbeteiligung (vgl. European Diversity Research 2009).
Eine Studie des Karlsruher Instituts für Technologie 2011 hat den Zusammenhang zwischen dem Frauenanteil in Aufsichtsräten von 160 börsennotierten deutschen Aktiengesellschaften und der **finanziellen Performance** dieser Unternehmen in den Jahren 2002–2010 untersucht. Ein signifikanter positiver Effekt von Frauen in Aufsichtsräten lässt sich bei Unternehmen mit Fokus auf Privatkunden und/oder einem hohen Frauenanteil an der Gesamtbelegschaft nachweisen (vgl. KIT 2011).
Die McKinsey-Studie 2007 „Women Matter I" hat den Zusammenhang zwischen dem Anteil von Frauen in Managementpositionen und dem Unternehmenserfolg untersucht. Ergebnis: Unternehmen mit mehr als drei Frauen im Seniormanagement erzielen in allen Kriterien, die positiv mit der **Organisationsleistung** korrelieren, höhere Werte als Unternehmen ohne Frauen im Seniormanagement (vgl. McKinsey 2007).

Diskussionen in Entscheidungsteams und Gremien, an denen sowohl Ältere mit ihrem Erfahrungswissen als auch Jüngere (Digital Natives) mit ihren neuen Orientierungen und ihrer Computerkompetenz beteiligt werden, werden oft von Meinungsverschiedenheit begleitet, münden jedoch in gut durchdachten, ausbalancierten Entscheidungen. Als Ergebnis kommen nachhaltige, erfolgsversprechende Strategien zustande.

Diversität einer Arbeitsgruppe bedeutet – unter der Bedingung gegenseitiger Wertschätzung – einen regen Meinungs- und Wissensaustausch. Verschiedene Betrachtungsperspektiven erweitern die **Palette der Handlungsmöglichkeiten** und regen zum Lernen an.

Hintergrund: Kognitive Flexibilität bei Mehrsprachigkeit

Forschungsergebnisse belegen, dass bilinguale Menschen im Vergleich zu monolingualen Menschen eine höhere Leistung bezüglich kognitiver Flexibilität und divergentem Denken bringen. Und gerade unter Personen mit Migrationshintergrund kommt oft Mehrsprachigkeit vor. Die Toleranz für unterschiedliche Sichtweisen führt zu einer größeren Offenheit gegenüber neuen und abweichenden Auffassungen (vgl. Blom und Meier 2004, S. 265 f.).

Verschiedene Denkweisen und Arbeitsstile sollten nicht als „besser" oder „schlechter" bewertet werden, sondern als Teile eines Puzzles, die gemeinsam ein Bild ergeben. Ältere und Jüngere, Männer und Frauen, Personen mit und ohne Migrationshintergrund können sich in gemischten Belegschaften gegenseitig ergänzen und von einander lernen.

Hintergrund: Arbeitsstile von Männern und Frauen

Einige Studien belegen, dass sich der Arbeitsstil von Männern und Frauen geschlechterspezifisch unterscheidet. So scheint der Arbeitsstil von Frauen interaktiver, menschenorientierter und in der Regel kooperativer. Dabei sind Frauen eher auf interpersonelle Beziehungen fokussiert und weisen eine höhere Teamorientierung auf. Der männliche Arbeitsstil hingegen ist durch eine sehr politische, energische und traditionelle Arbeitsweise, mit einem eher analytischen und systemischen Vorgehen, gekennzeichnet. Männer konzentrieren sich innerhalb des Teams sehr auf das Erreichen eines bestimmten Leistungsziels (vgl. Schneid et al. 2014, S. 189–190).

Somit steigert Diversity in Gremien und Teams die Flexibilität und Veränderungsfähigkeit, eröffnet neue Perspektiven, initiiert Lernprozesse, fördert die Persönlichkeitsentwicklung aller Beteiligten.

6.3.2 Höhere Effizienz bei internationalen und interkulturellen Aktivitäten durch spezifische Kulturkompetenzen

Eine auf der Diversität basierende **multimodale Wahrnehmung** der Unternehmensumwelt, Kundengruppen und neuen Entwicklungen ist insbesondere im Fall der internationalen Aktivitäten wichtig. Bei der Erschließung neuer Märkte, Verlagerung der Produktion oder in internationalen Kooperationen sind interkulturelle Kompetenzen ausschlaggebend, die durch einen gezielten Einsatz von Spezialist(inn)en mit verschiedenen kulturellen Hintergründen am besten eingebracht werden können.

Wachstumsmöglichkeiten sind für viele deutsche Unternehmen hauptsächlich in globalen Märkten zu finden, beispielsweise in den sogenannten **BRICS-Staaten** (Brasilien, Russland, Indien, China, Südafrika). Erfolg in solchen Ländern setzt voraus, dass das Unternehmen die Anforderungen der Märkte und der Vermarktung auf der Kundenebene sowie die kulturellen Muster und Geschäftspraktiken versteht und für sich zu nutzen weiß.

Kulturelle Diversität ist für verschiedene Bereiche internationaler Geschäftstätigkeit fördernd – bei Produktentwicklung und -anpassung, in der Vermarktung und Werbung, bei Verhandlungen und im Personalmanagement in Auslandsniederlassungen. Kenntnisse der Gastkultur und -mentalität erleichtern die Suche nach Kontakten, Distributionskanälen und geeigneten Fach- und Arbeitskräften.

Allein die **Sprachkenntnisse** von Kulturexpert(inn)en, die aus der eigenen Belegschaft stammen, sind von großer Bedeutung, insbesondere bei den Sprachen, die in Deutschland rar sind, da sie als Fremdsprachen praktisch nicht angeboten werden – Arabisch, Chinesisch, Russisch. Darüber hinaus können Kulturexpert(inn)en mit dem entsprechenden Kulturhintergrund para- und nonverbale Nuancen eines Gesprächs, **Mentalitätsunterschiede**, Gepflogenheiten und Bräuche feiner wahrnehmen und berücksichtigen.

Darüber hinaus verbessert die Wertschätzung der Vielfalt und eine gezielte interkulturelle Produkt- und Personalpolitik das Image des Unternehmens in anderen Ländern und Kulturen.

Hintergrund: Bedeutung von Diversity Management für internationale Aktivitäten

In einer Studie der Bertelsmann Stiftung zur Verbreitung und Bedeutung von Diversity Management im internationalen Vergleich wurde festgestellt, dass Zusammenarbeit und internationaler Erfolg als der wichtigste Vorteil von kultureller Diversität in verschiedenen Unternehmen über Länder, Branchen und Unternehmensgrößen hinweg gesehen wird. Als praktische Vorteile wurden die Entwicklung von interkultureller Kompetenz, gesteigerte Kreativität durch die Nutzung verschiedener Betrachtungsperspektiven, effizientere internationale Aktivitäten durch Einbezug von lokalen und internationalen Expert(inn)en und damit schließlich auch größere internationale Reputation genannt (vgl. Köppel et al. 2007, S. 11).

6.3.3 Verbesserung von Marketing und Kundenorientierung, Erschließung neuer Absatzmärkte

> Auf den Punkt gebracht: Für die Vermarktung von Produkten erweist es sich als Vorteil, durch die Abbildung der Heterogenität des Kundenstamms in der Mit-

arbeiterschaft Erkenntnisse über Konsumgewohnheiten, Produktnutzungs- und Kommunikationsverhalten zu erhalten, um heterogene Kundengruppen in den jeweiligen Märkten besser bedienen zu können und damit die Wettbewerbsfähigkeit zu stärken.

Diversity Management ergänzt die Kundenorientierung um den Aspekt der Vielfalt, das Wahrnehmen und Einbeziehen diverser Bevölkerungsgruppen in die Angebotsplanung folgt der allgemeinen gesellschaftlichen Entwicklung in Deutschland. Die Zielgruppen wie Alte, Frauen, Behinderte, Menschen mit Migrationshintergrund artikulieren immer deutlicher ihre Interessen und werden als Zielgruppen zunehmend wichtiger.

Um diese vielfältigen Interessen wahrzunehmen, braucht ein Unternehmen „Augen und Ohren", die diese Signale adäquat empfinden können, d. h. ebenfalls multikulturelle Akteure wie Alte, Frauen, Behinderte und Migrant(inn)en. Um die Bedürfnisse von älteren und jüngeren, weiblichen und männlichen, deutschen und nicht-deutschen Kundengruppen richtig zu verstehen, muss die Belegschaft in Marketingabteilungen, Kundendienst oder Strategieteams heterogen zusammengestellt sein.

Viele Unternehmen streben aus diesem Grund die Vielfalt der Beschäftigten im Vertrieb, Marketing und Service an. Unter dem Begriff Ethnomarketing (▶ Kap. 4) werden Kundengruppen aus kulturellen Communities gezielt von den Mitarbeitenden mit demselben Kulturhintergrund angesprochen. So können in der Kundenarbeit die Sprache, Mentalität und Gewohnheiten von Konsument(inn)en besser berücksichtigt werden.

Darüber hinaus werden Produkte und Dienstleistungen speziell für kulturelle Zielgruppen im Aus- und Inland entwickelt. Produktname, Marketingmix und Werbebotschaften werden entsprechend angepasst.

6.3.4 Steigerung der Kreativität und Innovationsfähigkeit

Auch in der Innovationsarbeit spielt Diversität eine wichtige Rolle: verschiedene Kenntnisse, Erfahrungen und Vorgehensweisen können bei der Ideensuche und -bearbeitung zur Steigerung der Kreativität führen. Einige Studien belegen, dass der Umsatzerlös von Unternehmen mit stark heterogener Ethnizität fast doppelt so hoch ist, als bei homogener Ethnizität und dass die Wirtschaftsregionen mit einem kulturell vielfältigen Arbeitsmarkt grundsätzlich innovativer bei der Entwicklung neuer Produkte sind (vgl. European Diversity Research & Consulting 2009).

Die Fähigkeit eines Unternehmens zur internen Ideen- und Innovationsarbeit hängt vor allem von dem Kreativitätspotenzial der Belegschaft und den fördernden Rahmenbedingungen zur Entfaltung dieses Potenzials ab. Durch intelligente Nutzung von vielfältigen Anregungen, Assoziationen und Vorschlägen aller Beteiligten können in der Phase der Ideengenerierung die **Anzahl von Ideen** und ihre **Qualität** erhöht werden. Die Beteiligung von möglichst vielen Akteuren mit verschiedenen Sichtweisen, Erfahrungen und Kompetenzen wirkt der Betriebsblindheit entgegen und erweitert Horizonte.

Neue Ideen zur Produktpalette oder zu effektiveren Abläufen entstehen bei den Mitarbeitenden, die mitten in der Produktion stehen oder direkten Umgang mit Kund(inn)en haben. Der Aufbau eines betrieblichen **Ideenmanagements** sichert diese Ideen für das Unternehmen. Dabei können ältere und jüngere Beschäftigte, Frauen und Männer sowie Migrant(inn)en aus verschiedenen Herkunftskulturen wertvolle Impulse liefern. Mit ihrem sehr unterschiedlichen Blick auf die Dinge kommen sie zum Teil auf ganz eigene Lösungswege.

Viele Mitarbeiter können mehr als das, wofür sie einst eingestellt wurden, und die diversity-orientierte Unternehmensführung hat die Aufgabe, diese **verborgenen Talente** zu identifizieren und in den Dienst des Unternehmens zu stellen. Mithilfe von Weiterbildung, speziellen Workshops und Kreativitätsschulungen können Talente entdeckt werden sowie individuelles Lernen und die Kreativität der Mitarbeitenden angeregt werden.

Besonders erfolgversprechend ist die heterogene Zusammensetzung von **Entwicklungs- und Innovationsteams**, bei denen Kreativität im Vordergrund steht. Viele Großunternehmen nutzen die Kreativitätspotenziale der Vielfalt, indem sie ihre Forschung und Entwicklung interkulturell oder international gestalten.

Beispiel: Internationale Produktentwicklung bei Bosch

Die Anforderungen für den neuen Dieselantrieb des indischen Kleinstwagen Tata Nano waren hoch und erforderten eine ungewöhnliche Lösung. Um ein geringes Gewicht, enge Kostenvorgaben und ein robustes Design zu gewährleisten, arbeiteten Entwickler aus Deutschland, Indien, Italien und Österreich eng zusammen. Das Ergebnis: Statt einer herkömmlichen Hochdruckpumpe entwickelten die Bosch-Ingenieure für den indischen Markt eine Steckpumpe weiter, die erstmals im Diesel-Leitwerk in Feuerbach (Deutschland) zum Einsatz gekommen war. In Indien leitete Rakkiappan Baskaran das Steckpumpen-Projekt. Sein Vorteil: Er hatte zu einer Gruppe indischer Ingenieure gehört, die in Feuerbach für die Diesel-Applikation ausgebildet worden waren. Seit Bosch in Regionen wie Asien und Amerika technische Zentren aufgebaut hat, sind multikulturelle Innovationsteams die Regel. Deshalb unterstützen auch Mitarbeiter des Diversity Managements die Innovations-Workshops beispielsweise mit Methoden, die auf die beteiligten Kulturen zugeschnitten sind. Bosch hat erkannt, dass für Innovationen Grenzüberschreitungen nicht nur eine notwendige Herausforderung, sondern auch eine große Chance sind (vgl. Bosch GmbH 2009).

6.3.5 Höhere Motivation, Arbeitszufriedenheit, Identifikation und besseres Betriebsklima

Diversity Management leistet einen Beitrag zum Selbstverständnis des Unternehmens sowie zur Identifikation, Motivation und Arbeitszufriedenheit der Beschäftigten.

> **Auf den Punkt gebracht:** Eine offene Organisationskultur, die Vielfalt nicht nur toleriert, sondern auch wertschätzt, ist eine wesentliche Voraussetzung für den Erhalt und die Steigerung der Leistungsbereitschaft und Loyalität von Mitarbeitenden. Gesteigerte Arbeitszufriedenheit trägt ebenso zur Vermeidung ungewollt hoher Fluktuations- und Absentismusraten bei.

Eine Studie der Bertelsmann Stiftung zur Verbreitung und Bedeutung von Diversity Management im internationalen Vergleich hat einen direkten Zusammenhang zwischen der kulturellen Diversität in Unternehmen und der steigenden **Mitarbeiterzufriedenheit** belegt (vgl. Köppel et al. 2007, S. 10).

Die auf der Wertschätzung der Vielfalt basierende Mitarbeiterführung schafft optimale Bedingungen für hohe Leistungen einer heterogenen Belegschaft. Die Mitarbeiterführung sorgt außerdem für die Zufriedenheit der Mitarbeiter und ein ausgeglichenes Betriebsklima. Deswegen wird von den Führungskräften erwartet, dass sie sich um die Lösung von eventuellen interkulturellen Konflikten und Missverständnissen kümmern und die optimalen Rahmenbedingungen für das Gedeihen der Vielfalt schaffen. Bei einer multikulturell zusammengesetzten Belegschaft sind es häufig Unterschiede in den kulturellen Normen und Verhaltensmustern, die einem Konflikt zugrunde liegen, da unterschiedliche Erfahrungen und Erwartungen aufeinandertreffen. Konflikte bedeuten jedoch auch Potenziale für Veränderung, eine Chance zu einer konstruktiven Auseinandersetzung. Dabei spielt ein intelligentes Konfliktmanagement eine bedeutende Rolle.

Gelingt es einem Unternehmen, Diversität der Belegschaft als Stärke zu kommunizieren, Konfliktpotenziale positiv zu nutzen und Missverständnisse durch eine offene Kommunikation zu verhindern, so führt dies zu einem positiven Betriebsklima, hoher Motivation und Arbeitszufriedenheit.

6.3.6 Vorteile bei Personalgewinnung und Verbesserung des Arbeitgeberimages

Infolge der demografischen Prozesse in Deutschland verstärkt sich der Fachkräftemangel, insbesondere in **MINT-Berufen**, es kommt zu einem Wettbewerb um qualifizierte Spezialist(inn)en zwischen den Unternehmen.

> **Auf den Punkt gebracht:** Unternehmen mit Diversity Management genießen bei potenziellen Bewerbern hohes Ansehen und können von einem breiteren Bewerber(innen)-Pool profitieren.

Das Image des Unternehmens als attraktiver Arbeitgeber, als Marke für Jobsuchende (**Employment Branding**) gewinnt an Bedeutung. Die verbesserte Unternehmensreputation, die Ansprache von potenziellen Beschäftigtengruppen, die nicht der dominanten Gruppe angehören, alternsgerechte Arbeitsorganisation sowie nicht diskriminierende Rekrutierungsprozesse sichern auch in Zukunft den Zugang zu den besten Arbeitnehmer(inne)n.

Genauso wie die Kundenorientierung ist auch die Imagegestaltung ein Marketinginstrument, das für die diversity-orientierte Unternehmensführung unentbehrlich ist. Die Orientierung des Unternehmens an der Vielfalt muss nach außen dargestellt und präsentiert werden.

6.4 Kritik am Business Case von Diversity

Die wirtschaftliche Sicht auf die Vielfalt wird oft und teilweise zu Recht kritisiert. Darf man die Frage der Wirtschaftlichkeit bei Entscheidungen über Vielfalt in den Vordergrund stellen? Oder gehen dadurch die Ideale der Gerechtigkeit und Chancengleichheit verloren?

Es wäre fatal, wenn man den wirtschaftlichen Nutzen als einziges Kriterium beim Abwägen für oder gegen die Beschäftigung von Älteren, Frauen oder Menschen mit Migrationshintergrund verwenden würde. Krell und Sieben (2011) bringen es auf den Punkt:

> Ein rein ökonomisch begrenztes Verständnis von Diversity, das Gleichheitsansprüche und Umverteilung von Macht in Organisationen ausblendet, ist einseitig. Gefragt ist ein Konzept, das sowohl Gleichheits- als auch ökonomische Kriterien bezieht.

Die überwiegende Ausrichtung der Diversity-Maßnahmen auf den Business Case macht Gleichbehandlung und Vermeidung der Diskriminierung zu Nebensachen, im besten Fall zu den Rahmenbedingungen des Diversity Managements.

Auch Wetterer (2003) bemängelt, dass die Ungleichheitsverhältnisse oft aus rein betriebswirtschaftlicher Perspektive, ohne Gerechtigkeitsdiskurs behandelt werden. Die Vielfalt wird auf Nutzenerwartungen reduziert.

Einige Autoren kritisieren, dass Diversity Management durch die Frage dominiert wird, welche Vielfalt marktfähig ist. Diversity Management behandelt nicht unterschiedslos alle Eigenschaften von Individuen als Humanressourcen, sondern nur solche, die am Markt nachgefragt werden (vgl. Meuser 2013, S. 177).

Viele Unternehmen praktizieren Diversity Management als Human-Resource-Strategie mit dem Ziel, Fach- und Führungspositionen mit internationalen Talenten zu besetzen und von den Potenzialen der heterogenen Beschäftigten zu profitieren. Das entspricht der grundsätzlichen Gewinnorientierung eines Unternehmens in der Marktwirtschaft. Deswegen sind diese Diversity-Strategien an sich nicht negativ, wenn dabei die Wertschätzung der Andersartigkeit und die Vermeidung der Antidiskriminierung als Maximen für die gesamte Belegschaft gelten.

Nach Meinung von Meuser(2013, S. 177) trägt Diversity Management dazu bei, soziale Unterschiede innerhalb bestimmter Gruppierungen zu fördern: Gut ausgebildete, hoch qualifizierte (weibliche oder männliche, hetero- oder homosexuelle) Expatriate entsprechen der am Markt nachgefragten Diversität, während eine prekär beschäftigte oder arbeitslose türkische, Kopftuch tragende Migrantin gerne als Mitglied einer unerwünschten Parallelgesellschaft gesehen wird.

Man kann sich jedoch fragen, ob das Diversity-Management-Konzept für die prekäre Beschäftigung oder schlechte Abschlüsse von Menschen mit Migrationshintergrund (oder auch ohne Migrationshintergrund) verantwortlich ist? Es ist eher eine Aufgabe der Politik, für die Chancengerechtigkeit im Ausbildungssystem zu sorgen und gesetzliche Regeln zu schaffen, um prekäre Beschäftigung jeglicher Gruppen von Arbeitenden zu unterbinden.

Diese Debatte zeigt, dass es im Umgang mit der Vielfalt noch viele offene Fragen gibt, und es gilt, gemeinsam Lösungen zu finden.

> ⟩⟩ Auf den Punkt gebracht: Die doppelte Ausrichtung des Diversity Managements – auf die soziale Gleichberechtigung und Antidiskriminierung sowie auf den wirtschaftlichen Nutzen – ist eine gute Basis für eine nachhaltige und ausgewogene Gestaltung der Diversity-Arbeit in Unternehmen und Organisationen.

6.5 Lern-Kontrolle

Kurz und bündig

Wirtschaftliche Sicht auf Diversität. Die aktuelle Diversity-Diskussion zeichnet sich durch die zunehmende Bedeutung der wirtschaftlichen Betrachtung der Vielfalt aus. Dabei ist bis jetzt keine eindeutige Aussage über den Nutzen der Diversität und keine fundierte Quantifizierung von Kosten und Nutzen der Diversity-Maßnahmen möglich.

Die Diskussion über Vor- und Nachteile der Vielfalt in gemischten Arbeitsgruppen und Belegschaften ist kontrovers, es liegen keine repräsentativen Forschungsergebnisse vor, ob heterogene Teams bessere Leistungen erbringen, als homogene Teams. Auf der einen Seite, kommt es in gemischten Gruppen zu Kommunikationsproblemen, Konflikten, Unzufriedenheit und schlechteren Leistungen. Auf der anderen Seite, haben sie bessere Potenziale bei der Lösung von komplexen Aufgaben, da vielfältige Meinungen,

Kenntnisse, Erfahrungen und Vorgehensweisen zu mehr Kreativität und Synergieeffekten führen.

Berechtigt ist ebenfalls die Frage nach der Wirtschaftlichkeit von Maßnahmen des Diversity Managements, bei der Kosten und Nutzen von Diversity-Maßnahmen gegenüber gestellt werden. Die Aufwendungen für Diversity-Maßnahmen lassen sich eher berechnen, wogegen der wirtschaftliche Nutzen des Diversity Management nur qualitativ beschrieben und geschätzt werden können.

Die Europäische Kommission zählt zu den Aufwendungen für Diversity-Maßnahmen folgende Kosten: Kosten im Zusammenhang mit dem Einhalten der Rechtsvorschriften, direkte betriebliche Kosten, Opportunitätskosten sowie erhöhte Geschäftsrisiken. Hierbei geht es um Personalausgaben, Weiterbildungs- und Sachkosten für Implementierung, Aufrechterhaltung und Evaluation von Diversity-Maßnahmen.

Der Nutzen von Diversity Management entsteht aufgrund verschiedener positiver Auswirkungen, die ein Unternehmen langfristig effizienter und wettbewerbsfähiger machen. Die Einflussfaktoren sind: ausgewogene Entscheidungsfindung und Unternehmensführung durch heterogene Gremien, Verbesserung der Teamentwicklung und Gremienarbeit, höhere Effizienz bei internationalen und interkulturellen Aktivitäten, Verbesserung von Marketing und Kundenorientierung, Erweiterung der Absatzmärkte, Steigerung der Kreativität und Innovationsfähigkeit, Intensivierung des gegenseitigen Lernens und Wissensaustauschs, höhere Motivation, Arbeitszufriedenheit, Identifikation und besseres Betriebsklima, Vorteile bei Gewinnung von qualifiziertem Personal und Verbesserung des Arbeitgeberimage.

Es ist wichtig, die wirtschaftlichen Aspekte der Diversität nicht isoliert, sondern in Verbindung mit den sozialen Zielen wie Chancengerechtigkeit und Antidiskriminierung zu betrachten.

❓ Let's check

1. Warum gewinnt die wirtschaftliche Betrachtung der Diversität an Bedeutung?
2. Durch welche Vor- und Nachteile zeichnen sich heterogene Arbeitsgruppen aus?
3. Warum ist es schwierig, Kosten und Nutzen des Diversity Managements zu quantifizieren?
4. Welche Kosten kommen auf ein Unternehmen bei der Implementierung des Diversity Managements zu?
5. Welche Vorteile bekommt ein Unternehmen durch die Vielfalt der Belegschaft? Belegen Sie Ihre Aussagen mit den Beispielen aus der Unternehmenspraxis.

❓ Vernetzende Aufgaben

Warum wird die wirtschaftliche Sicht auf Diversity kritisiert? Was kann man dieser Kritik entgegensetzen?

ℹ Lesen und Vertiefen

- Krell, G., & Sieben, B. (2011): Diversity Management: Chancengleichheit für alle und auch als Wettbewerbsvorteil. In: G. Krell, R. Ortlieb, B. Sieben (Hrsg.): *Chancengleichheit durch Personalpolitik. Gleichstellung von Frauen und Männern in Unternehmen und Verwaltungen*. (155–174). Wiesbaden: Gabler.
  In diesem Buchbeitrag erfahren Sie, welche Vorteile die Vielfalt in Unternehmen und Organisationen bringen kann und welche Voraussetzungen dafür erforderlich sind.
- Orel, M. (2013). Der positive Umgang mit (kultureller) Vielfalt in Österreich und Europa – Strategische Ansätze in Theorie und Praxis. In: ÖIF-Dossier n°28, Wien. ▶ http://www.integrationsfonds.at/ oeif_dossiers/der_positive_umgang_mit_kultureller_vielfalt_in_europa_und_oesterreich/ Zugegriffen: 12. Juli 2014.
  Ein Dossier des Integrationsfonds Österreich wird Ihnen die methodische Vorgehensweise bei der Bewertung der Wirtschaftlichkeit der Diversity inklusive ihrer kritischen Würdigung aufzeigen.

Literatur

Amstutz, N., & Müller, C. (2013). Diversity Management. In T. Steiger, & E. Lippmann (Hrsg.), *Handbuch Angewandte Psychologie für Führungskräfte* (S. 360–382). Berlin, Heidelberg: Springer.

Franken, S. (2011). Diversitybasierte Unternehmensführung. *SEM RADAR, Zeitschrift für Systemdenken und Entscheidungsfindung im Management, 10*(1), 55–84. Berlin: wvb

Blom &, H., & Meier, H. (Hrsg.). (2004). *Interkulturelles Management: Interkulturelle Kommunikation. Internationales Personalmanagement. Diversity-Ansätze im Unternehmen*. Herne/Berlin: NWB.

Bosch GmbH (Hrsg.). (2009).http://csr.bosch.com/content/ language1/html/5769_DEU_XHTML. aspx. Zugegriffen: 10. Januar 2011.

Europäische Kommission (EK) (2003). *Methoden und Indikatoren für die Messung der Wirtschaftlichkeit von Maßnahmen im Zusammenhang mit der personellen Vielfalt in Unternehmen. Abschlussbericht*. http://ec.europa.eu/employment-social/fundamental_rights/pdf/arc/stud/ cbfullrep_de.pdf. Zugegriffen: 20. April 2014

European Diversity Research (2009). *IBCR 2012-XL: International Business Case Report*. http://european-diversity.com/resources/ surveys/ibcr/. Zugegriffen: 20. September 2012

Franken, S. (2011). Diversitybasierte Unternehmensführung. *SEM RADAR. <i>Zeitschrift für Systemdenken und Entscheidungsfindung im Management*, (1), 55–84.. Berlin: wvb

KIT (Karlsruher Institut für Technologie) (2011). *Frauen fördern den Unternehmenserfolg. Pressemitteilung vom 21.10.2011*. http://www.kit.edu/besuchen/ pi_2011_8294.php. Zugegriffen: 18. Oktober 2013

Köppel, P. (2007). *Konflikte und Synergien in multikulturellen Teams*. Wiesbaden: Deutscher Universitäts-Verlag.

Köppel, P. et al. (2007). *Cultural Diversity Management in Deutschland*. Gütersloh: Bertelsmann Stiftung.

Krell &, G., & Sieben, B. (2011). Diversity Management: Chancengleichheit für alle und auch als Wettbewerbsvorteil. In G. Krell, R. Ortlieb, & B. Sieben (Hrsg.), *Chancengleichheit durch Personalpolitik. Gleichstellung von Frauen und Männern in Unternehmen und Verwaltungen* (S. 155–174). Wiesbaden: Gabler.

McKinsey (2007). *Studie „Women Matter I"*. http://www.mckinsey.de/sites/mck_files/files/Women _Matter_1_brochure.pdf. Zugegriffen: 3. Oktober 2014

Mensi-Klarbach, H. (2012). *Zur Messbarkeit der Kosten und Nutzen von Diversity Management.* http:// www.hrm.de/fachartikel/zur-messbarkeit-der-kosten-und-nutzen-von-diversity-management. Zugegriffen: 25. April 2014

Meuser, M. (2013). Diversity Management – Anerkennung von Vielfalt?. In L. Pries (Hrsg.), *Zusammenhalt durch Vielfalt?* (S. 167–181). Wiesbaden: Springer Fachmedien.

Schneid, M., Isidor, R., Steinmetz, H., Kabst, R., & Weber, H. (2014). Der Einfluss der Teamdiversität auf die Teamleistung. Eine Metaanalyse. *DBW Die Betriebswirtschaft, 74*(3), 183–210.

Wetterer, A. (2003). Rhetorische Modernisierung. Das Verschwinden der Ungleichheit aus dem zeitgenössischen Differenzwissen. In G.-A. Knapp, & A. Wetterer (Hrsg.), *Achsen der Differenz. Gesellschaftstheorie und feministische Kritik 2* (S. 286–319). Münster: Westfälisches Dampfboot.

Serviceteil

Der Abschnitt „Tipps fürs Studium und fürs Lernen" wurde von Andrea Hüttmann verfasst.

S. Franken, *Personal: Diversity Management*,
DOI 10.1007/978-3-658-06797-7, © Springer Fachmedien Wiesbaden 2015

Tipps fürs Studium und fürs Lernen

▪ Studieren Sie!

Studieren erfordert ein anderes Lernen, als Sie es aus der Schule kennen. Studieren bedeutet, in Materie abzutauchen, sich intensiv mit Sachverhalten auseinanderzusetzen, Dinge in der Tiefe zu durchdringen. Studieren bedeutet auch, Eigeninitiative zu übernehmen, selbstständig zu arbeiten, sich autonom Ziele zu setzen, anstatt auf konkrete Arbeitsaufträge zu warten. Ein Studium erfolgreich abzuschließen erfordert die Fähigkeit, der Lebensphase und der Institution angemessene effektive Verhaltensweisen zu entwickeln – hierzu gehören u. a. funktionierende Lern- und Prüfungsstrategien, ein gelungenes Zeitmanagement, eine gesunde Portion Mut und viel pro-aktiver Gestaltungswille. Im Folgenden finden Sie einige erfolgserprobte Tipps, die Ihnen beim Studieren Orientierung geben, einen grafischen Überblick dazu zeigt ◻ Abb. 7.1.

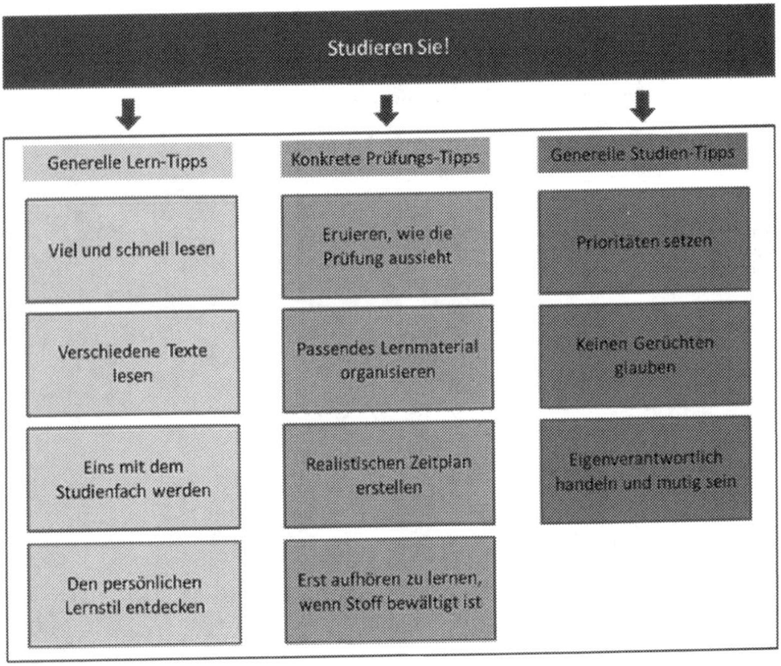

◻ **Abb. 7.1** Tipps im Überblick

Lesen Sie viel und schnell

Studieren bedeutet, wie oben beschrieben, in Materie abzutauchen. Dies gelingt uns am besten, indem wir zunächst einfach nur viel lesen. Von der Lernmethode – lesen, unterstreichen, heraus schreiben – wie wir sie meist in der Schule praktizieren, müssen wir uns im Studium verabschieden. Sie dauert zu lange und raubt uns kostbare Zeit, die wir besser in Lesen investieren sollten. Selbstverständlich macht es Sinn, sich hier und da Dinge zu notieren oder mit anderen zu diskutieren. Das systematische Verfassen von eigenen Text-Abschriften aber ist im Studium – zumindest flächendeckend – keine empfehlenswerte Methode mehr. Mehr und schneller lesen schon eher ...

Lesen Sie verschiedene Texte

Es ist nicht nur von Bedeutung, dass wir viel lesen, sondern auch, dass wir verschiedene Texte zu denselben Themen lesen. Jeder Autor beleuchtet ein Phänomen aus einer anderen Perspektive, jeder setzt eigene Akzente, jeder analysiert oder beschreibt auf seine eigene Weise. Von je mehr Seiten wir ein Phänomen betrachten, umso umfassender wird unsere Sicht auf die Dinge. Wenn wir mehrere Texte zu einem Thema lesen, beginnen wir zudem, automatisch Verbindungen zwischen den verschiedenen Darstellungen zu ziehen: Wir verknüpfen, wir kontrastieren, wir erkennen Ergänzungen, füllen Lücken. Auf diese Weise werden wir zu Experten der Gebiete, die wir studieren und kommen in die komfortable Lage, souverän mit der Materie umgehen zu können.

Werden Sie eins mit Ihrem Studienfach

Jenseits allen Pragmatismus sollten wir uns als Studierende eines Faches – in der Summe – zutiefst für dieses interessieren. Ein brennendes Interesse muss nicht unbedingt von Anfang an bestehen, sollte aber im Laufe eines Studiums entfacht werden. Bitte warten Sie aber nicht in Passivhaltung darauf, begeistert zu werden, sondern sorgen Sie selbst dafür, dass Ihr Studienfach Sie etwas angeht. In der Regel entsteht Begeisterung, wenn wir die zu studierenden Inhalte mit lebensnahen Themen kombinieren: Wenn wir etwa Zeitungen und Fachzeitschriften lesen, verstehen wir, welche Rolle die von uns studierten Inhalte im aktuellen Zeitgeschehen spielen und welchen Trends sie unterliegen; wenn wir Praktika machen, erfahren wir, dass wir mit unserem Know-how – oft auch schon nach wenigen Semestern – Wertvolles beitragen können. Nicht zuletzt: Dinge machen in der Regel Freude, wenn wir sie beherrschen. Vor dem Beherrschen kommt das Engagement: Engagieren Sie sich also und werden Sie eins mit Ihrem Studienfach!

Entdecken Sie Ihren persönlichen Lernstil

Jenseits einiger allgemein gültiger Lern-Empfehlungen muss jeder Studierende für sich selbst herausfinden, wann, wo und wie er am effektivsten lernen kann. Es gibt die Lerchen, die sich morgens am besten konzentrieren können, und die Eulen, die ihre Lernphasen in den Abend und die Nacht verlagern. Es gibt die visuellen Lerntypen, die am liebsten Dinge aufschreiben und sich anschauen; es gibt auditive Lerntypen, die etwa Hörbücher oder eigene Sprachaufzeichnungen verwenden. Manche bevorzugen Karteikarten verschiedener Größen, andere fertigen sich auf Flipchart-Bögen Übersichtsdarstellungen an, einige können während des Spazierengehens am besten auswendig lernen, andere tun dies in einer Hängematte. Es ist egal, wo und wie Sie lernen. Wichtig ist, dass Sie einen für sich effektiven Lernstil ausfindig machen und diesem – unabhängig von Kommentaren Dritter – treu bleiben.

Bringen Sie in Erfahrung, wie die bevorstehende Prüfung aussieht

Die Art und Weise einer Prüfungsvorbereitung hängt in hohem Maße von der Art und Weise der bevorstehenden Prüfung ab. Es ist daher unerlässlich, sich immer wieder bezüglich des Prüfungstyps zu informieren. Wird auswendig Gelerntes abgefragt? Ist Wissenstransfer gefragt? Muss man selbstständig Sachverhalte darstellen? Ist der Blick über den Tellerrand gefragt? Fragen Sie Ihre Dozenten. Sie müssen Ihnen zwar keine Antwort geben, doch die meisten Dozenten freuen sich über schlau formulierte Fragen, die das Interesse der Studierenden bescheinigen und werden Ihnen in irgendeiner Form Hinweise geben. Fragen Sie Studierende höherer Semester. Es gibt immer eine Möglichkeit, Dinge in Erfahrung zu bringen. Ob Sie es anstellen und wie, hängt von dem Ausmaß Ihres Mutes und Ihrer Pro-Aktivität ab.

Decken Sie sich mit passendem Lernmaterial ein

Wenn Sie wissen, welcher Art die bevorstehende Prüfung ist, haben Sie bereits viel gewonnen. Jetzt brauchen Sie noch Lernmaterialien, mit denen Sie arbeiten können. Bitte verwenden Sie niemals die Aufzeichnungen Anderer – sie sind inhaltlich unzuverlässig und nicht aus Ihrem Kopf heraus entstanden. Wählen Sie Materialien, auf die Sie sich verlassen können und zu denen Sie einen Zugang finden. In der Regel empfiehlt sich eine Mischung – für eine normale Semesterabschlussklausur wären das z. B. Ihre Vorlesungs-Mitschriften, ein bis zwei einschlägige Bücher zum Thema (idealerweise eines von dem Dozenten, der die Klausur stellt), ein Nachschlagewerk (heute häufig online einzusehen), eventuell prüfungsvorbereitende Bücher, etwa aus der Lehrbuchsammlung Ihrer Universitätsbibliothek.

Erstellen Sie einen realistischen Zeitplan

Ein realistischer Zeitplan ist ein fester Bestandteil einer soliden Prüfungsvorbereitung. Gehen Sie das Thema pragmatisch an und beantworten Sie folgende Fragen: Wie viele Wochen bleiben mir bis zur Klausur? An wie vielen Tagen pro Woche habe ich (realistisch) wie viel Zeit zur Vorbereitung dieser Klausur? (An dem Punkt erschreckt und ernüchtert man zugleich, da stets nicht annähernd so viel Zeit zur Verfügung steht, wie man zu brauchen meint.) Wenn Sie wissen, wie viele Stunden Ihnen zur Vorbereitung zur Verfügung stehen, legen Sie fest, in welchem Zeitfenster Sie welchen Stoff bearbeiten. Nun tragen Sie Ihre Vorhaben in Ihren Zeitplan ein und schauen, wie Sie damit klar kommen. Wenn sich ein Zeitplan als nicht machbar herausstellt, verändern Sie ihn. Aber arbeiten Sie niemals ohne Zeitplan!

Beenden Sie Ihre Lernphase erst, wenn der Stoff bewältigt ist

Eine Lernphase ist erst beendet, wenn der Stoff, den Sie in dieser Einheit bewältigen wollten, auch bewältigt ist. Die meisten Studierenden sind hier zu milde im Umgang mit sich selbst und orientieren sich exklusiv an der Zeit. Das Zeitfenster, das Sie für eine bestimmte Menge an Stoff reserviert haben, ist aber nur ein Parameter Ihres Plans. Der andere Parameter ist der Stoff. Und eine Lerneinheit ist erst beendet, wenn Sie das, was Sie erreichen wollten, erreicht haben. Seien Sie hier sehr diszipliniert und streng mit sich selbst. Wenn Sie wissen, dass Sie nicht aufstehen dürfen, wenn die Zeit abgelaufen ist, sondern erst wenn das inhaltliche Pensum erledigt ist, werden Sie konzentrierter und schneller arbeiten.

Setzen Sie Prioritäten

Sie müssen im Studium Prioritäten setzen, denn Sie können nicht für alle Fächer denselben immensen Zeitaufwand betreiben. Professoren und Dozenten haben die Angewohnheit, die von ihnen unterrichteten Fächer als die bedeutsamsten überhaupt anzusehen. Entsprechend wird jeder Lehrende mit einer unerfüllbaren Erwartungshaltung bezüglich Ihrer Begleitstudien an Sie herantreten. Bleiben Sie hier ganz nüchtern und stellen Sie sich folgende Fragen: Welche Klausuren muss ich in diesem Semester bestehen? In welchen sind mir gute Noten wirklich wichtig? Welche Fächer interessieren mich am meisten bzw. sind am bedeutsamsten für die Gesamtzusammenhänge meines Studiums? Nicht zuletzt: Wo bekomme ich die meisten Credits? Je nachdem, wie Sie diese Fragen beantworten, wird Ihr Engagement in der Prüfungsvorbereitung ausfallen. Entscheidungen dieser Art sind im Studium keine böswilligen Demonstrationen von Desinteresse, sondern schlicht und einfach überlebensnotwendig.

Glauben Sie keinen Gerüchten

Es werden an kaum einem Ort so viele Gerüchte gehandelt wie an Hochschulen – Studierende lieben es, Durchfallquoten, von denen Sie gehört haben, jeweils um 10–15 % zu erhöhen, Geschichten aus mündlichen Prüfungen in Gruselgeschichten zu verwandeln und Informationen des Prüfungsamtes zu verdrehen. Glauben Sie nichts von diesen Dingen und holen Sie sich alle wichtigen Informationen dort, wo man Ihnen qualifiziert und zuverlässig Antworten erteilt. 95 % der Geschichten, die man sich an Hochschulen erzählt, sind schlichtweg erfunden und das Ergebnis von ‚Stiller Post'.

Handeln Sie eigenverantwortlich und seien Sie mutig

Eigenverantwortung und Mut sind Grundhaltungen, die sich im Studium mehr als auszahlen. Als Studierende verfügen Sie über viel mehr Freiheit als als Schüler: Sie müssen nicht immer anwesend sein, niemand ist von Ihnen persönlich enttäuscht, wenn Sie eine Prüfung nicht bestehen, keiner hält Ihnen eine Moralpredigt, wenn Sie Ihre Hausaufgaben nicht gemacht haben, es ist niemandes Job, sich darum zu kümmern, dass Sie klar kommen. Ob Sie also erfolgreich studieren oder nicht, ist für niemanden von Belang außer für Sie selbst. Folglich wird nur der eine Hochschule erfolgreich verlassen, dem es gelingt, in voller Überzeugung eigenverantwortlich zu handeln. Die Fähigkeit zur Selbstführung ist daher der Soft Skill, von dem Hochschulabsolventen in ihrem späteren Leben am meisten profitieren. Zugleich sind Hochschulen Institutionen, die vielen Studierenden ein Übermaß an Respekt einflößen: Professoren werden nicht unbedingt als vertrauliche Ansprechpartner gesehen, die Masse an Stoff scheint nicht zu bewältigen, die Institution mit ihren vielen Ämtern, Gremien und Prüfungsordnungen nicht zu durchschauen. Wer sich aber einschüchtern lässt, zieht den Kürzeren. Es gilt, Mut zu entwickeln, sich seinen eigenen Weg zu bahnen, mit gesundem Selbstvertrauen voranzuschreiten und auch in Prüfungen eine pro-aktive Haltung an den Tag zu legen. Unmengen an Menschen vor Ihnen haben diesen Weg erfolgreich beschritten. Auch Sie werden das schaffen!

Andrea Hüttmann ist Professorin an der accadis Hochschule Bad Homburg, Leiterin des Fachbereichs „Communication Skills" und Expertin für die Soft Skill-Ausbildung der Studierenden. Als Coach ist sie auch auf dem freien Markt tätig und begleitet Unternehmen, Privatpersonen und Studierende bei Veränderungsvorhaben und Entwicklungswünschen (▶ www.andrea-huettmann.de).

Glossar

Absentismus – Fernbleiben der Beschäftigten von der Arbeit, das nicht krankheitsbedingt ist.

Altersgemischte Teams – Arbeitsgruppen in Unternehmen, die aus Mitgliedern verschiedener Generationen (Altersgruppen) bestehen.

Altersstruktur der Belegschaft – prozentuale Zusammensetzung der Beschäftigten eines Unternehmens nach Altersgruppen (Generationen).

Anonymisierte Bewerbungsverfahren – bei der Bewerbung wird auf Angaben wie Name, Geburtsdatum oder Herkunft und auf ein Foto verzichtet, so dass ausschließlich die Qualifikation der Bewerbenden zählt.

Antidiskriminierungsgesetz – Allgemeines Gleichbehandlungsgesetz (AGG), seit 2006 in Kraft, verbietet jegliche Diskriminierungen aufgrund der Rasse oder wegen der ethnischen Herkunft, des Geschlechts, der Religion oder Weltanschauung, einer Behinderung, des Alters oder der sexuellen Identität.

Arbeitsmigration – Einwanderung in ein anderes Land mit dem Zweck der Beschäftigung.

Arbeitszufriedenheit – der Stand der Zufriedenheit mit den Inhalten und Bedingungen der Arbeit.

Arbeitsproduktivität – Verhältnis von gesamtwirtschaftlichem Produktionsergebnis und Arbeitseinsatz.

Awareness-Training – Diversity-Training mit dem Ziel, die Existenz der Vielfalt in einer Organisation zu verdeutlichen und ihre Mitglieder für diese Problematik zu sensibilisieren.

Barrierefreiheit – Gestaltung der baulichen Umwelt, sodass sie von Menschen mit Behinderung und von älteren Menschen in derselben Weise genutzt werden kann wie von Menschen ohne Behinderung.

Beschäftigungsfähigkeit – Fähigkeit zur Beteiligung am Arbeits- und Berufsleben.

BRICS-Staaten – besonders dynamisch wachsende Volkswirtschaften: Brasilien, Russland, Indien, China und Südafrika.

Business Case der Diversität – wirtschaftlicher Nutzen der Diversität in Unternehmen und Organisationen; ein Kosten-Nutzen-Vergleich.

Chancengleichheit – das Recht auf eine gerechte Verteilung von Zugangs- und Lebenschancen für alle Menschen.

Charta der Vielfalt – eine Unternehmensinitiative zur Förderung von Vielfalt in Unternehmen und Institutionen (entstanden 2006).

Colour-blind-Strategie – in Organisationen mit einer Colour-blind-Strategie werden kulturelle Diversität und kulturelle Unterschiede nivelliert.

Controlling – Beschaffung, Aufbereitung und Analyse von Unternehmensinformationen zur Vorbereitung von Entscheidungen im Management.

Datenschutz – Schutz der Privatsphäre und des Persönlichkeitsrechts bei der Datenverarbeitung.

DAX-30-Unternehmen – Der DAX (Deutscher Aktienindex) ist der wichtigste deutsche Aktienindex er bezieht sich auf die 30 größten und umsatzstärksten, an der Frankfurter Wertpapierbörse gelisteten Unternehmen in Deutschland (Adidas, Allianz, BASF, Bayer, BMW, Commerzbank, Continental, Daimler, Deutsche Bank, Deutsche Post, Deutsche Telekom, E.ON, Henkel, Lufthansa etc.).

Demografischer Wandel – aktueller Prozess der Bevölkerungsentwicklung in Bezug auf die Altersstruktur der Bevölkerung, das Verhältnis von Männern und Frauen, die Anteile von Inländern und Ausländern (Personen mit Migrationshintergrund), die Geburten- und Sterbefallentwicklung.

Demotivation – ein Zustand der fehlenden (Arbeits)Motivation.

Digital Natives (Generation Y) – junge Generation (geboren nach 1980), die mit Computer, Internet und anderen digitalen Technologien großgeworden ist (deswegen „digital Natives", d. h. digital Eingeborene) und sich dadurch in ihrem Verhalten und ihren Erwartungen an die Arbeitswelt von den Älteren unterscheidet.

Diskriminierung – Benachteiligung von Personen aufgrund einer meist negativen Beurteilung.

Diversity – Diversität, Vielfalt.

Diversity-Analyse – Analyse der Personalkennzahlen in Bezug auf die Diversität nach Alter, Geschlecht, kulturelle Herkunft, Behinderung usw.

Diversity-Kalender – ein Kalender mit relevanten religiösen und säkularen Gedenk- und Feiertagen aus verschiedenen Kulturen und Religionen.

Diversity-Kompetenz – Kompetenz im Umgang mit der Vielfalt in Unternehmen und Organisationen.

Diversity Management – ein Konzept für einen konstruktiven Umgang mit der Vielfalt in Unternehmen.

Diversity-orientierte Strategie – eine Strategie der Unternehmensführung, die interne und externe Vielfalt strategisch berücksichtigt.

Effektivität – ein Maß für die Wirksamkeit, beschreibt das Verhältnis von erreichtem Ziel zu definiertem Ziel.

Effizienz – ein Maß für die Wirtschaftlichkeit, Kosten-Nutzen-Relation. Das Verhältnis zwischen erreichtem Erfolg und dafür benötigtem Ressourceneinsatz.

Eigenkapitalquote – eine Kennzahl, die zeigt, wie hoch der Anteil des Eigenkapitals am Gesamtkapital ist. Je höher die Eigenkapitalquote, umso höher ist die finanzielle Stabilität des Unternehmens.

Emotionale Ansprache – im Gegensatz zu einer rationalen Argumentation werden bei einer emotionalen Ansprache Gefühle und persönliche Situation der Beteiligten angesprochen.

Employer Branding – Gestaltung einer Arbeitgebermarke, um die potenziellen Bewerber(innen) anzusprechen und zu gewinnen.

Ethnomarketing – Ausgestaltung aller Beziehungen eines Unternehmens auf eine Zielgruppe, die sich aufgrund von historischen, kulturellen und sprachlichen Gegebenheiten von der Bevölkerungsmehrheit in einem Land unterscheidet.

Evaluation – fachgerechte Bewertung von Ergebnissen, Projekten, Prozessen oder Organisationseinheiten.

Finanzielle Performance – finanzielle Ergebnisse der Tätigkeit (eines Unternehmens).

Fluktuation – der Abgang (oder Wechsel) von Personal eines Unternehmens in einem Zeitraum.

Führungskräfte – Personen mit Führungsverantwortung in Unternehmen oder Organisationen (Personen, die Untergebene haben).

Fachkräftemangel – ein Zustand in der Wirtschaft, bei dem eine bedeutende Anzahl von Arbeitsplätzen nicht besetzt werden kann, da auf dem Arbeitsmarkt keine entsprechend qualifizierten Mitarbeiter (Fachkräfte) zur Verfügung stehen.

Fairness-Strategie – es wird versucht, Chancengleichheit der Beschäftigten herzustellen und Diskriminierung zu vermeiden.

Frauenquote – eine geschlechterbezogene Regelung (ein vorgeschriebener Anteil von

Frauen) bei der Besetzung von Gremien oder Stellen.

Fremdkulturelle Märkte – ausländische oder auch inländische Märkte (kulturelle Communities), die in Bezug auf Wahrnehmungs- und Konsumgewohnheiten von einer anderen Kultur geprägt sind.

Gegenseitiges Lernen – Lernen voneinander, das sich durch eine heterogene Zusammensetzung einer Gruppe ergibt.

Gender – eine der Dimensionen der Diversität: Geschlecht.

Generation Y (Digital Natives) – junge Generation (geboren nach 1980), die mit Computer, Internet und anderen digitalen Technologien großgeworden ist und sich dadurch in ihrem Verhalten und ihren Erwartungen an die Arbeitswelt von den Älteren unterscheidet.

Grundsätze der Unternehmenskultur (Leitlinien) – die festgelegten, kommunizierten Werte und Prinzipien der Unternehmenskultur.

Gruppenkohäsion – Ausmaß des Zusammenhalts in Arbeitsgruppen, hängt wesentlich von der Attraktivität der Gruppe für den Einzelnen ab.

Heterogene Arbeitsgruppe – eine Arbeitsgruppe, die sich aus Personen mit verschiedenen Merkmalen (wie Geschlecht, Alter, Herkunft, Erfahrung, Position usw.) zusammensetzt.

Homosoziale Reproduktion – ein Phänomen, bei dem die Entscheider oft unterbewusst dazu tendieren, Personen zu fördern, bei denen sie Ähnlichkeiten mit sich selbst wahrnehmen.

Ideenmanagement – eine gezielte Arbeit an Ideen in Unternehmen, die sich an alle Beschäftigten richtet.

Image des Unternehmens – Ruf, Erscheinungsbild eines Unternehmens.

In- und Out-Group (Eigen- und Fremdgruppe) – Eine Fremdgruppe (Out-Group) ist eine soziale Gruppe, mit der ein ihr zugehöriges Individuum kein „Wir-Gefühl" verbindet – im Gegensatz zur Eigengruppe (In-Group).

Innovation – neuartige Produkte, Prozesse, Strukturen, Geschäftsmodelle, die sich von den bestehenden wesentlich unterscheiden.

Interkulturelle Kompetenz – Kompetenz für einen erfolgreichen Umgang mit Vertretern anderer Nationalkulturen.

Kinderbetreuung – pflegende, beaufsichtigende Tätigkeit Erwachsener gegenüber Kindern.

KMU – kleine und mittlere Unternehmen, die nach der Definition der Europäischen Kommission unter 250 Mitarbeiter beschäftigen und/oder weniger als 50 Mio. € Umsatz haben.

Kosten-Nutzen-Verhältnis – Vergleich zwischen Kosten und Nutzen einer Maßnahme.

Kreativität – Fähigkeit von Menschen, neue ungewöhnliche Probleme zu lösen bzw. neue Wege zu gehen.

Kulturelle Vielfalt der Gesellschaft – die Zusammensetzung einer Gesellschaft nach dem Merkmal ethnische Herkunft (Anteil und Spektrum von Ausländer(inne)n oder Migrant(inn)en).

Kulturexperte – ein Experte für den Umgang mit einer Nationalkultur, sei es durch die Primärsozialisation (im Land geboren) oder spezielle Ausbildung.

Leitbild (einer Organisation) – eine schriftliche Erklärung einer Organisation über ihr Selbstverständnis und ihre Grundprinzipien.

Legitimation (der Unterschiede) – Anerkennung der Berechtigung, unterschiedlich zu sein.

Lern-Effektivitäts-Strategie – Diversität wird als strategische Ressource gesehen, die unternehmensinterne Lernprozesse unterstützt und zu Synergien, Innovationen und höherer Mitarbeiterbindung führt.

Loyalität – Zuverlässigkeit und Anständigkeit gegenüber der Gruppe, der man sich verbunden fühlt.

Marktnische – Marktsegment, das durch vorhandene Produkte nicht voll befriedigt wird, weil sie den Vorstellungen der Kundschaft nicht ganz entsprechen.

Marktzugangs-Legitimitäts-Strategie – erkennt kulturelle Diversität als wertvolle Ressource an, um Marktzugangsvorteile über eine heterogene Belegschaft zu generieren.

Menschenbild – Vorstellung, die jemand vom Wesen des Menschen hat.

Mentalitätsunterschiede – Unterschiede im Denken, insbesondere zwischen Vertretern verschiedener Nationalkulturen.

Mentoring – Personalentwicklungsmaßnahme, bei der eine erfahrene Person (Mentor) ihr Fach- und Erfahrungswissen an eine noch unerfahrenere Person (Mentee) weitergibt.

Migrationshintergrund – eine Person, bei der zumindest ein Elternteil nicht in Deutschland geboren wurde (Definition des Statistischen Bundesamtes).

MINT-Berufe – Berufe in den Bereichen Mathematik, Informatik, Naturwissenschaften und Technik.

Mitarbeitermotivation – Beweggründe der Mitarbeiter zur Arbeitsleistung und Zielerreichung.

Multimodale Wahrnehmung (in Unternehmen) – eine vielfältige, durch verschiedene Kanäle und Akteure facettenreiche Wahrnehmung (von Trends, Märkten, Kundengruppen).

Nachhaltigkeit – Ressourcennutzung, bei der die Bewahrung der wesentlichen Eigenschaften, der Stabilität und der natürlichen Regenerationsfähigkeit im Vordergrund steht.

Netzwerk – ein informeller Zusammenschluss aus einzelnen Menschen, die durch diese Verbindung einen Vorteil bekommen oder sich erhoffen.

Opportunitätskosten – entgangener Nutzen, der dadurch entsteht, dass eine knappe Ressource nicht für andere produktive Tätigkeiten eingesetzt werden kann.

Organisationsentwicklung – Strategie des geplanten und systematischen Wandels, der durch die Beeinflussung der Organisationsstruktur, Unternehmenskultur und individuellem Verhalten zustande kommt.

Personalmanagement – alle personellen Gestaltungsmaßnahmen zur Verwirklichung der Unternehmensziele.

Positive Diskriminierung – gesellschaftspolitische Maßnahmen, die der negativen Diskriminierung sozialer Gruppen in Form gesellschaftlicher Benachteiligung durch gezielte Vorteilsgewährung entgegenwirken sollen.

Potenzialorientierte Perspektive – eine positive Sicht auf die Vielfalt, die verborgene Fähigkeiten und Kompetenzen zu erkennen hilft (im Gegensatz zu der defizitorientierten Perspektive).

Proaktive Strategien im Umgang mit der Diversität – verstehen kulturelle Diversität als Vorteil (Business Case). Dazu gehören Fairness-Ansatz (Fairness), Marktzugangs-Legitimitäts-Ansatz (Access) oder Lern- und Effektivitäts-Ansatz (Integration/Learning).

Reaktive Strategien im Umgang mit der Diversität – Unternehmen vermeiden die Diversität und streben kulturelle Homogenität an (Resistance-Ansatz) oder nivellieren kulturelle Unterschiede (Colour-blind-Ansatz).

Resistance-Strategie – Organisationen mit einer Resistance-Strategie streben nach Homogenität und sind gegenüber Diversität resistent.

Risikobewusstsein – vorsichtige Vorgehensweise im Umgang mit Risiken.

Schwerbehinderte – Menschen mit individuellen Beeinträchtigungen aufgrund fehlender oder veränderter Körperstrukturen sowie chronischer körperlicher und psychischer Krankheiten.

Sensibilisierung – Bewusstmachung eines Sachverhalts oder Problems.

Servicequalität – objektiver oder subjektiver Grad der Zielerreichung (oder Zufriedenheit) bei einer Dienstleistung.

Skill-Building-Training – Diversity-Training mit dem Ziel, konkrete Fähigkeiten für den konstruktiven Umgang mit Diversität zu vermitteln, um die Zusammenarbeit und Führung einer vielfältigen Belegschaft optimal zu gestalten.

Soziale Kategorisierung – Bildung von Ordnungsstrukturen, die Menschen in unterschiedliche Gruppen einteilen und Vorstellungen über einzelne Gruppen produzieren.

Stereotype – Vorstellungen und Zuschreibungen, die geteiltes Wissen einer Gesellschaft über charakteristische Merkmale bestimmter Gruppen enthalten.

Strategisches Marketing – langfristig orientiertes, ganzheitliches Marketingkonzept eines Unternehmens.

Synergieeffekt – positive Wirkung, die sich aus dem Zusammenschluss oder der Zusammenarbeit mehrerer Personen ergibt. Gegenseitiges Fördern mit einem daraus resultierenden gemeinsamen Nutzen.

Toleranz – Duldung, Nachsicht gegenüber fremden Überzeugungen, Handlungsweisen und Sitten; Anerkennung einer Gleichberechtigung.

Top down – von oben nach unten (in Unternehmen – vom Top-Management ausgehend).

Unternehmensführung – der Prozess der Gestaltung, Steuerung und Entwicklung eines Unternehmens.

Vision (Unternehmensvision) – das Zukunftsbild des Unternehmens.

Vorbild – eine Person oder Sache, die als Ideal oder positives Beispiel angesehen wird.

Vorurteile – negative Stereotype; vorab wertende, meistens negative Urteile, ohne eigene Reflektion und Erfahrung.

Wertewandel – Wandel gesellschaftlicher und individueller Normen und Wertvorstellungen.

Wertschätzung – positive Bewertung eines anderen Menschen.

Wirksamkeit (Effektivität) – das Ausmaß eines Erfolgs.

Wirtschaftlichkeit – Verhältnis zwischen erreichtem Erfolg und dafür benötigtem Mitteleinsatz.

Work-Life-Balance – Einklang, Ausgleich zwischen dem Arbeits- und Privatleben.

Zielgruppe – Gesamtheit von Personen, die mit einer bestimmten (Marketing)Aktivität angesprochen werden sollen.

Literaturverzeichnis

Amstutz, N., & Müller, C. (2013). Diversity Management. In T. Steiger, & E. Lippmann (Hrsg.), *Handbuch Angewandte Psychologie für Führungskräfte* (S. 360–382). Berlin, Heidelberg: Springer.

Antidiskriminierungsstelle des Bundes (2014). *Anonymisierte Bewerbungsverfahren - das Pilotprojekt.* http://www.antidiskriminierungsstelle.de/DE/ThemenUndForschung/anonymisierte_bewerbungen/das_pilotprojekt/anonymisierte_bewerbungen_node.html. Zugegriffen: 31. Mai 2014

Aygün, T. (2014). *Ethno-Marketing. Fachbeitrag im Gabler Lexikon.* http://wirtschaftslexikon.gabler.de/ Definition/ethno-marketing.html. Zugegriffen: 31. Mai 2014

Bayer Konzern (2013). *Nachhaltigkeitsbericht 2012.* http://www.nachhaltigkeit2012.bayer.de/. Zugegriffen: 10. Mai 2014

Bayer Konzern (2014). *BaySEN.* http://www.karriere.bayer.de/de/whybayer/working_at_bayer/ career-development/BaySEN/index.html. Zugegriffen: 30. Mai 2014

Bendl, R., Eberherr, H., & Mensi-Klarbach, H. (2012). Vertiefende Betrachtungen zu ausgewählten Diversitätsdimensionen. In R. Bendl, E. Hanappi-Egger, & R. Hofmann (Hrsg.), *Diversität und Diversitätsmanagement* (S. 79–135). Wien: Facultas.

Bisnode (2014). *Frauen im Management: Ja, wo stecken Sie denn? Pressemitteilung.* http://www.bisnode.de/press_release/frauen-im-management-ja-wo-stecken-sie-denn/. Zugegriffen: 2. Mai 201

Blom, H., & Meier, H. (Hrsg.). (2004). *Interkulturelles Management: Interkulturelle Kommunikation. Internationales Personalmanagement. Diversity-Ansätze im Unternehmen.* Herne/Berlin: NWB.

BMW Group (2014). *Einzigartige Unternehmenskultur.* http://www.bmwgroup.com/com/de/ karriere/arbeiten-in-der-bmw-group/ unternehmenskultur/index.html. Zugegriffen: 03. Juni 2014

Böckler Stiftung (2014). *WSI Gender Datenportal.* http://www.boeckler.de/43622.htm. Zugegriffen: 15. März 2014

Bosch GmbH (Hrsg.). (2009). http://csr.bosch.com/content/ language1/html/5769_DEU_XHTML.aspx. Zugegriffen: 10. Januar 2011.

Bosch (2014). *Vielfalt ist unser Vorteil.* http://www.bosch.com/de/com/sustainability/associates/diversity/diversity.php. Zugegriffen: 3. Juni 2014

Brücker, H., Hauptmann, A., & Vallizadeh, E. (2013). *Arbeitsmigration oder Armutsmigration? IAB-Kurzbericht Nr. 16/2013.* http://doku.iab.de/kurzber/2013/kb1613.pdf. Zugegriffen: 10. Mai 2014

Bundesagentur für Arbeit (2012). *Schwerbehindertenrecht.* http://www.arbeitsagentur.de/web/ content/DE/Unternehmen/Arbeitskraeftebedarf/Beschaeftigung/SchwerbehinderteMenschen/index.htm. Zugegriffen: 19. Mai 2014.

Bundesagentur für Arbeit (2013). *Arbeitsmarktberichterstattung: Der Arbeitsmarkt in Deutschland. Ältere am Arbeitsmarkt.* http://statistik.arbeitsagentur.de/Navigation/Statistik/ Arbeitsmarktberichte/Personengruppen/Personengruppen-Nav.html. Zugegriffen: 16.März 2014

Bundesinstitut für Bevölkerungsforschung (2013). *Lebenserwartung.* http://www.bib-demografie.de/SharedDocs/Glossareintraege/DE/L/lebenserwartung.html. Zugegriffen: 15. März 2014

Charta der Vielfalt (2014). *Über die Charta.* http://www.charta-der-vielfalt.de/charta-der-vielfalt/ueber-die-charta.html. Zugegriffen: 2. Mai 2014

Cox, T. H. (1993). *Cultural Diversity in Organization: Theory Research and Practice.* San Francisco: Berrett-Koehler Publishing.

Deloitte Consulting (2013). *Talent & Diversity Management in deutschen Unternehmen. Ausgewählte Studienergebnisse.* http://www.deloitte.com/assets/Dcom-Germany/Local%20 Assets/Documents/01_Consulting/2013/C-HCAS-Talent-Diversity-Studie-2013.pdf. Zugegriffen: 14. Mai 2014

DGFP (2014a). *Good Practice-Beispiel 21. Diversity bei der BMW Group: Globaler Fokus – lokale Rahmenbedingungen.* http://www.dgfp.de/aktuelles/vielfalt-bereichert-unternehmen-beitrag-der-dgfp-zum-2-deutschen-diversity-tag/vielfalt-bereichert-unternehmen-good-practice. Zugegriffen: 3. Juni 2014

DGFP (2014b). *Good Practice-Beispiel 11. Diversity bei der Ford-Werke GmbH.* http://www.dgfp.de/aktuelles/vielfalt-bereichert-unternehmen-beitrag-der-dgfp-zum-2-deutschen-diversity-tag/vielfalt-bereichert-unternehmen-good-practice. Zugegriffen: 3. Juni 2014

Deutsche Islam Konferenz (2014). *Etwa 4 Millionen Muslime in Deutschland.* http://www.deutsche-islam-konferenz.de/DIK/DE/Magazin/Lebenswelten/ZahlMLD/daten-und-fakten1-hidden-node.html;jsessionid=BF7A76551EFF634CBE626A-CEBC6F9DFF.1_cid361. Zugegriffen: 16. Mai 2014

Dürhager, R., & Heuer, T. (2009). *Eingeborene der digitalen Netze. Das Manifest der Digital Natives.* http://www.changex.de/Article/manifest_digital_natives. Zugegriffen: 28. April 2014

Europäische Kommission (EK) (2003). *Methoden und Indikatoren für die Messung der Wirtschaftlichkeit von Maßnahmen im Zusammenhang mit der personellen Vielfalt in Unternehmen. Abschlussbericht.* http://ec.europa.eu/employment-social/fundamental_rights/pdf/arc/stud/ cbfullrep_de.pdf. Zugegriffen: 20. April 2014

European Diversity Research (2009). *IBCR 2012-XL: International Business Case Report.* http://european-diversity.com/resources/surveys/ibcr/. Zugegriffen: 20. September 2012

Ford Deutschland (2014). *Wir setzen auf Menschen.* http://www.ford.de/UeberFord/Fordin Deutschland/MenschenbeiFord. Zugegriffen: 11. Mai 2014

Franken, S. (2011). Diversitybasierte Unternehmensführung. *SEM RADAR, Zeitschrift für Systemdenken und Entscheidungsfindung im Management, 10*(1), 55–84. Berlin: wvb

Franken, S., & Brand, D. (2008). *Ideenmanagement für intelligente Unternehmen.* Frankfurt a.M.: Peter Lang.

Franken, S., & Christoph, O. (2014). *Erfolgsfaktoren und Barrieren für karriereorientierte Migrantinnen. Abschlussbericht des Forschungsprojektes „Migrantinnen in Führungspositionen".* http://www.migrantinnen-in-fuehrung.de/index.php?page=-abschlussbericht. Zugegriffen: 3. Juni 2014

Franken, S., & Kowalski, S. (Hrsg.). (2006). *Nutzung des Potenzials junger Akademiker mit Migrationshintergrund für die Bundesrepublik Deutschland. Arbeitsbericht des Forschungsprojektes.* Köln: FH Köln.

Gardenswartz, L., & Rowe, A. (1995). *Diverse Teams at Work.* Burr Ridge - Illinois: Irwin Professional.

Gröschke, D., & Podsiadlowski, A. (2013). Ansätze zum Diversity-Management: Von colour-blind zu colour-ful? *Wirtschaftspsychologie aktuell,* (4), 28–34.

Groll, T. (2012). *Frauen und Migranten profitieren von anonymen Bewerbungen.* http://www.zeit.de/ karriere/bewerbung/2012-04/ergebnisse-anonyme-bewerbungen. Zugegriffen: 31. Mai 2014

IfM (Institut für Mittelstandsforschung) (2014). *Selbstständigkeit/freie Berufe.* http://www.ifm-bonn.org/statistiken/selbststaendige-freie-berufe/#accordion=0&tab=0. Zugegriffen: 16. März 2014

IQ Fachstelle Diversity Management (Hrsg.). (2014). http://www.vielfalt-gestalten.de/

service/ materialien-und-links.html. Zugegriffen: 3. Juni 2014.

KIT (Karsruher Institut für Technologie) (2011). *Frauen fördern den Unternehmenserfolg. Pressemitteilung vom 21.10.2011.* http://www.kit.edu/besuchen/ pi_2011_8294.php. Zugegriffen: 18. Oktober 2013

Koalitionsvertrag (2013). *Deutschlands Zukunft gestalten. Koalitionsvertrag zwischen CDU, CSU und SPD.* https://www.cdu.de/sites/default/files/media/dokumente/koalitionsvertrag.pdf. Zugegriffen: 19. Mai 2014

Köppel, P. (2007). *Konflikte und Synergien in multikulturellen Teams.* Wiesbaden: Deutscher Universitäts-Verlag.

Köppel, P. et al. (2007). *Cultural Diversity Management in Deutschland.* Gütersloh: Bertelsmann Stiftung.

Köppel, P. (2013a). Viel mehr Vielfalt. *Personalwirtschaft,* (4), 56–58.

Köppel, P. (2013b). Spektrum der Kulturen – ungenutztes Potenzial. *Wirtschaftspsychologie aktuell,* (4), 36–41.

Krell, G., Riedmüller, B., Sieben, B., & Vinz, D. (Hrsg.). (2007). *Diversity Studies. Grundlagen und disziplinäre Ansätze.* Frankfurt a.M.: Campus.

Krell, G., & Sieben, B. (2011). Diversity Management: Chancengleichheit für alle und auch als Wettbewerbsvorteil. In G. Krell, R. Ortlieb, & B. Sieben (Hrsg.), *Chancengleichheit durch Personalpolitik. Gleichstellung von Frauen und Männern in Unternehmen und Verwaltungen* (S. 155–174). Wiesbaden: Gabler.

Landwehr, J. (2013). Diversity-Management: Was Mitarbeiter wirklich vom Unternehmen wollen. *Wirtschaftspsychologie aktuell,* (4), 23–26.

Ludwig, S. (2013). Ausländische Mitarbeiter im Foku. *Personalwirtschaft,* (11), 56–58.

McKinsey (2007). *Studie „Women Matter I".* http://www.mckinsey.de/sites/mck_files/files/Women _Matter_1_brochure.pdf. Zugegriffen: 3. Oktober 2014

Mead, R. (2005). *International management, cross-cultural dimensions.* Hoboken: Blackwell.

Mensi-Klarbach, H. (2012). *Zur Messbarkeit der Kosten und Nutzen von Diversity Management.* http://www.hrm.de/fachartikel/zur-messbarkeit-der-kosten-und-nutzen-von-diversity-management. Zugegriffen: 25. April 2014

Merx, A. (2013). *Demographischen Wandel gestalten, Fachkräftebedarf sichern – vielfaltsorientierte Personalstrategien in kleinen und mittelständischen Unternehmen (KMU).* Arbeitspapier, Bd. 1/2013. München: IQ Fachstelle Diversity Management.

Meuser, M. (2013). Diversity Management - Anerkennung von Vielfalt?. In L. Pries (Hrsg.), *Zusammenhalt durch Vielfalt?* (S. 167–181). Wiesbaden: Springer Fachmedien.

Podsiadlowski, A. (2002). *Multikulturelle Arbeitsgruppen in Unternehmen. Bedingungen für erfolgreiche Zusammenarbeit am Beispiel deutscher Unternehmen in Südostasien.* Münster: Waxmann.

Römhildt, K., & Leber, B. (2006). *Diversity Management als Chance für kleine und mittlere Betriebe. Eine Anleitung zur Umsetzung.* Hamburg: diversity hamburg.

Rühl, M. (2013). DiversityManagement bei Deutsche Lufthansa AG. Strategische Ausrichtung und operative Praxis. In R. Stock-Homburg (Hrsg.), *Handbuch Strategisches Personalmanagement* (S. 465–482). Wiesbaden: Springer Fachmedien.

Schein, E. H. (1995). *Organisationskultur.* Frankfurt: Campus.

Schneid, M., Isidor, R., Steinmetz, H., Kabst, R., & Weber, H. (2014). Der Einfluss der Teamdiversität auf die Teamleistung. Eine Metaanalyse. *DBW Die Betriebswirtschaft, 74*(3), 183–210.

Sparkasse KölnBonn (2014). *Türkce.* https://www.sparkasse-koelnbonn.de/14 tuerkisch/tuerkisch/empfangsseite/index.php?n=%2F14 tuerkisch%2FEmpfangsseite%2 F. Zugegriffen: 23. März 2014

Statistisches Bundesamt (2011). *Demografischer Wandel in Deutschland.* https://www.destatis.de/DE/Publikationen/Thematisch/Bevoelkerung/VorausberechnungBevoelkerung/BevoelkerungsHaushaltsentwicklung5871101119004.pdf?blob=publicationFile. Zugegriffen: 16. März 2014

Statistisches Bundesamt (2012a). *Bevölkerung mit Migrationshintergrund – Ergebnisse des Mikrozensus. Fachserie 1 Reihe 2.2 – 2012.* https://www.destatis.de/DE/Publikationen/Thematisch/ Bevoelkerung/MigrationIntegration/Migrationshintergrund2010220127004.pdf?blob=publicationFile. Zugegriffen: 16. März 2014

Statistisches Bundesamt (2012b). *Frauen und Männer auf dem Arbeitsmarkt – Deutschland und Europa.* https://www.destatis.de/DE/Publikationen/Thematisch/Arbeitsmarkt/Erwerbstaetige/ BroeschuereFrauenMaennerArbeitsmarkt0010018129004.pdf?blob=publicationFile. Zugegriffen: 16. März 2014

Statistisches Bundesamt (2013a). *Elterngeld. Väterbeteiligung mit 27,3 % auf neuem Höchststand. Pressemitteilung Nr. 176 vom 27.05.2013.* https://www.destatis.de/DE/PresseService/ Presse/Pressemitteilungen/2013/05/PD13_176_22922.html. Zugegriffen: 28.04.2014

Statistisches Bundesamt (2013b). *Zensus 2011. Bevölkerung nach Geschlecht, Alter, Staatsangehörigkeit, Familienstand und Religionszugehörigkeit.* https://www.destatis.de/DE/ Publikationen/Thematisch/Bevoelkerung/Zensus/ZensusBuLa5121101119004.pdf?__blob=publicationFile. Zugegriffen: 2. Mai 2014

Statistisches Bundesamt (2013c). *Statistisches Buch 2013, Kapitel 2: Bevölkerung, Familien, Lebensformen.* https://www.destatis.de/DE/Publikationen/StatistischesJahrbuch/Bevoelkerung.pdf; jsessionid=BC129C44D97F-D2BA217A56FB4774E669.cae3?__blob=publicationFile. Zugegriffen: 11. Mai 2014

Statistisches Bundesamt (2013d). *Bevölkerung und Erwerbstätigkeit. Bevölkerung mit Migrationshintergrund, Ergebnisse des Mikrozensus 2012.* https://www.destatis.de/DE/Publikationen/ Thematisch/Bevoelkerung/MigrationIntegration/Migrationshintergrund2010220127004.pdf?__blob=publicationFile. Zugegriffen: 16 Mai 2014

Statistisches Bundesamt (2014). *Bevölkerung.* https://www.destatis.de/DE/ZahlenFakten/GesellschaftStaat/Bevoelkerung/Bevoelkerung.html. Zugegriffen: 10. März 2014

Stuber, M. (2009). *Diversity. Das Potenzial-Prinzip.* Köln: Luchterhand.

Teckentrup (2014). *Vielfalt als Chance.* http://www.teckentrup.biz/de/unternehmen/charta-der-vielfalt.html. Zugegriffen: 26. Mai 2014

Telekom (2014). *Frauenquote: Mehr Frauen an die Spitze.* http://www.telekom.com/konzern/mitarbeiter/diversity-frauenquote/5186. Zugegriffen: 01. Juni 2014

Thomas, D. C., & Ely, R. J. (1996). Making differences matter: A new paradigm for managing diversity. *Harvard Business Review, 9*(7996), 79–89.

ThyssenKrupp (2014). *Diversity.* http://www.thyssenkrupp.com/de/nachhaltigkeit/diversity.html. Zugegriffen: 31. Mai 2014

TUM (2014). *Diversity-Leitbild.* http://www.diversity.tum.de/diversity-leitbild/. Zugegriffen: 31. Mai 2014

VW Konzern (2014). *Der Konzern.* http://www.volkswagenag.com/content/vwcorp/content/de/ the group.html. Zugegriffen: 23. März 2014

Wagner, D., & Voigt, B.-F. (Hrsg.). (2007). *Diversity-Management als Leitbild von Personalpolitik.* Wiesbaden: Deutscher Universitäts-Verlag.

Wetterer, A. (2003). Rhetorische Modernisierung. Das Verschwinden der Ungleichheit aus dem zeitgenössischen Differenzwissen. In G.-A. Knapp, & A. Wetterer (Hrsg.), *Achsen der Differenz. Gesellschaftstheorie und feministische Kritik 2* (S. 286–319). Münster: Westfälisches Dampfboot.

Printed in the United States
By Bookmasters